新版

保育内容・言葉
―乳幼児のことばを育む―

福沢周亮 監修
藪中征代・玉瀬友美・星野美穂子 編

教育出版

監修者

福沢 周亮　　聖徳大学名誉教授

編　者

藪中 征代　　聖徳大学大学院
玉瀬 友美　　高知大学
星野 美穂子　聖徳大学幼児教育専門学校

執筆者（執筆順）

藪中 征代　　上掲
金　玟志　　聖徳大学短期大学部
星野 美穂子　上掲
玉瀬 友美　　上掲
川端 美穂　　北海道教育大学旭川校
古川 由紀子　聖徳大学短期大学部
東川 則子　　聖徳大学短期大学部
大村 弘子　　東京都台東区立富士幼稚園

まえがき

　みなさんは，保育内容「言葉」を学ぶということについて，どのようなことをイメージするだろうか。子どもにことばを教えること，正しいことばの使い方を教えること，国語の授業をイメージすることもあるだろう。ことばを話すということは，われわれにとってあまりにも当たり前のことなので，ことばとはどんな存在か，あらためて考えてみることが必要であろう。

　ことばは，人と会話するために必要であり，人とつながるために必要な手段である。また，ことばを文字にすることで，時間や場所を超えて人の気持ちや考えを伝えることもできる。そして，ことばはそれを使う人の人生を形づくり，その時代，その地域の文化を形成していくものであり，自分が生きている文化の影響を受けていくものである。このように，ことばは生きている証(あかし)であり，生きる力である。したがって，ことばの力を育てることは，人と伝え合う喜びを感じ，文字から想像の世界を楽しむといったように，まさに生きることを豊かにすることである。

　本書は平成29年に告示された「幼稚園教育要領」「保育所保育指針」「幼保連携型認定こども園教育・保育要領」の領域「言葉」に関する，幼稚園教諭・保育士を目指す学生のみなさんに向けたテキストである。同時に，保育者をめざす「あなた」自身のことばを育むテキストになることを期待して編集した。

　本書の執筆者は，幼稚園や保育所などの保育実践を非常によく理解している実践者や研究者である。それぞれの経験をできるだけ反映させ，初めて保育を学習する人にとってわかりやすいテキストになるように，できるだけ多くの事例を積極的に取り上げた。事例の検討を通して，生きることを豊かにすることばの力が保育現場で活かされることを期待している。

　最後に，本書の出版に関して，企画の段階から完成に至るまで，多くのご助言・ご支援をいただきました教育出版の阪口建吾氏に心から御礼を申し上げます。

　2018年2月

監修者
編者一同

目　次

まえがき

1章　領域「言葉」

1. 教育・保育の基本と領域「言葉」 ……………………………… 2
   (1) 幼稚園教育の基本 ………………………………………… 2
   (2) 保育所保育の基本 ………………………………………… 15
   (3) 幼児教育を通じて育みたい資質・能力と初等中等教育 …… 16
2. 領域「言葉」のねらいと内容 …………………………………… 18
   (1) 領域「言葉」のねらい …………………………………… 19
   (2) 領域「言葉」の内容 ……………………………………… 21
3. 「乳児保育に関わるねらい及び内容」と「1歳以上3歳未満児の保育に関わるねらい及び内容」 ……………………………… 23
   (1) 乳児保育に関わるねらい及び内容 ………………………… 23
   (2) 1歳以上3歳未満児の保育に関わるねらい及び内容 ……… 27
4. 領域「言葉」と他領域との関係 ………………………………… 30
5. 領域「言葉」と環境構成 ………………………………………… 32
   (1) 環境構成とは ……………………………………………… 32
   (2) ことばを豊かに育む環境 ………………………………… 35
6. 領域「言葉」における評価 ……………………………………… 36
   (1) 領域「言葉」のねらいと評価 …………………………… 36
   (2) 発達と評価の観点 ………………………………………… 39

2章　子どもの発達とことば

1. ことばのもつ意義と機能 ………………………………………… 44
   (1) ことばのもつ意義 ………………………………………… 44
   (2) ことばのもつ機能 ………………………………………… 45
2. 子どものことばの発達 …………………………………………… 49
   (1) 胎児期〜新生児期 ………………………………………… 49
   (2) 乳児期 ……………………………………………………… 51

(3) 幼児前期 55
　　(4) 幼児後期 62
　　(5) 児童期以降 68
　3．ことばの発達と人とのかかわり 70
　　(1) 大人とのかかわり 71
　　(2) 子どもとのかかわり 75

3章　子どものことばと保育の実際

　1．ことばを育む保育者の役割と援助 84
　2．子どもの生活とことば 94
　　(1) 食事 95
　　(2) 排泄 97
　　(3) 着脱 98
　　(4) 睡眠 99
　　(5) 生活のなかで必要なあいさつ 100
　3．子どもの遊びとことば 101
　　(1) ことば遊び 101
　　(2) ごっこ遊び 104
　　(3) 劇遊び 110
　4．「聞く」ことを通した体験 114
　　(1) 友だちの思いを感じる 114
　　(2) 友だちの思いに心を寄せる 116
　　(3) 聞いてもらった体験 117
　　(4) 積極的に聞こうとする態度 119
　5．「話す」ことを通した体験 120
　6．書きことばが伝える世界 127
　　(1) 手紙を書く 127
　　(2) 看板や値段を書く 129
　　(3) ポスターを作る 130
　　(4) カルタをみんなで作る 131
　　(5) 文集を作る 132

4章　ことばを育てる児童文化財

1．保育における児童文化財の活用 ……………………………… 136
 (1) 児童文化財とは ……………………………………………… 136
 (2) 絵本や紙芝居，お話 ………………………………………… 137
 (3) 人形劇，ペープサート，パネルシアター ………………… 156
2．指導計画と指導の実際 ………………………………………… 166
 (1) 児童文化財の教材研究 ……………………………………… 167
 (2) 指導案の作成 ………………………………………………… 169
 (3) 指導案に基づく実践 ………………………………………… 172
 (4) 指導の振り返り ……………………………………………… 172
3．子どもが楽しむ絵本 …………………………………………… 173
 (1) 0・1・2歳 ………………………………………………… 173
 (2) 3・4歳 ……………………………………………………… 176
 (3) 5・6歳 ……………………………………………………… 179

5章　ことばをめぐる現代的課題と領域「言葉」

1．ことばの発達が気になる子 …………………………………… 186
 (1) ことばが遅い ………………………………………………… 186
 (2) ことばがつまる・ことばが出にくい …………………… 188
 (3) 発音がはっきりしない・聞き取りにくい ……………… 189
 (4) しゃべらない ………………………………………………… 190
2．情報化のなかの子どもとことば ……………………………… 192
3．国際化・グローバル化のなかの子どもとことば …………… 196
 (1) 母語や日本語を獲得する …………………………………… 196
 (2) 保護者とのコミュニケーション ………………………… 200
 (3) 他の子どもとのかかわり ………………………………… 202
4．ことばの発達と保・幼・小連携 ……………………………… 203
 (1) ことばの発達の連続性 ……………………………………… 203
 (2) 幼稚園等と小学校との連携 ………………………………… 204
 (3) 幼児教育にたずさわる施設の連携 ………………………… 207
 (4) 言語発達を踏まえた保・幼・小の連携 …………………… 207

1章

領域「言葉」

1. 教育・保育の基本と領域「言葉」

　平成29年3月31日に「保育所保育指針」「幼稚園教育要領」「幼保連携型認定こども園教育・保育要領」が改訂・告示された。この3法令が同時に改訂（定）されるのは，今回が初めてである。幼稚園，保育所，幼保連携型認定こども園を含めた3歳児からの就園率はどんどん上がっており，いずれは100％に近づくだろうといわれている。そして，幼児教育の重要性が世界的にもさらなる高まりを見せており，日本においても就学前の子どもに幼児教育の必要性が共有化されるようになってきた。日本では幼児教育は義務教育ではないが，それに近い教育であると考えるとき，幼稚園，保育所，幼保連携型認定こども園で行われる幼児教育を共通にとらえる必要がある。そこで，今回の改訂では，幼稚園教育要領，保育所保育指針，幼保連携型認定こども園教育・保育要領の3歳以上の「ねらい及び内容」をはじめ，幼児教育に関する記載がおおむね共通化された。

(1) 幼稚園教育の基本

1) 幼稚園教育要領　前文

　今回の改訂では，初めて「幼稚園教育要領」の冒頭に前文が加わった。この前文は，幼稚園はどのような目的のために，何を目標として教育機関の役割を果たすのかを明確に示している。下記に示す学校教育の目的と目標の始まりの段階に，幼稚園があり，幼児期の教育を受けもつのであるとしている。
（下線部分は平成29年告示変更箇所，以下同様）

> 　教育は，教育基本法第1条に定めるとおり，人格の完成を目指し，平和で民主的な国家及び社会の形成者として必要な資質を備えた心身ともに健康な国民の育成を期すという目的のもと，（後略）

　そのもとで，以下に示す5つの目標の達成が求められている。

> 1　幅広い知識と教養を身に付け，真理を求める態度を養い，豊かな情操と道徳心を培うとともに，健やかな身体を養うこと。
> 2　個人の価値を尊重して，その能力を伸ばし，創造性を培い，自主及び自律の精神を養うとともに，職業及び生活との関連を重視し，勤労を重んずる態度を養うこと。
> 3　正義と責任，男女の平等，自他の敬愛と協力を重んずるとともに，公共の精神に基づき，主体的に社会の形成に参画し，その発展に寄与する態度を養うこと。
> 4　生命を尊び，自然を大切にし，環境の保全に寄与する態度を養うこと。
> 5　伝統と文化を尊重し，それらをはぐくんできた我が国と郷土を愛するとともに，他国を尊重し，国際社会の平和と発展に寄与する態度を養うこと。

　幼児期の教育の規定は，「教育基本法」第11条にある。それに関係して，前文では以下のように述べられている。

> 　幼児期の教育については，同法第11条に掲げるとおり，生涯にわたる人格形成の基礎を培う重要なものであることにかんがみ，国及び地方公共団体は，幼児の健やかな成長に資する良好な環境の整備その他適当な方法によって，その振興に努めなければならないこととされている。
> 　これからの幼稚園には，学校教育の始まりとして，こうした教育の目的及び目標の達成を目指しつつ，一人一人の幼児が，将来，自分のよさや可能性を認識するとともに，あらゆる他者を価値ある存在として尊重し，多様な人々と協働しながら様々な社会的変化を乗り越え，豊かな人生を切り拓き，持続可能な社会の創り手となることができるようにするための基礎を培うことが求められる。このために必要な教育の在り方を具体化するのが，各幼稚園において教育の内容等を組織的かつ計画的に組み立てた教育課程である。

　今回の改訂は，幼児教育として，幼稚園・保育所・認定こども園に共通する「幼児教育の在り方」を明確にしている。幼児教育は，生涯にわたる人格形成の基礎を培う重要な役割を担っている。幼稚園では子どもの生活や遊びを通して，生きる力の基礎を育んでいくことが前文で強調された。また，未

来のために，環境を壊すことなく人類の消費を支える持続可能な開発は，国連で提唱された国際的な理念である。持続可能な開発が行われ，持続可能性をもった社会を，持続可能な社会という。

また，「社会に開かれた教育課程」の実現が前文で強調された。

> 　教育課程を通して，これからの時代に求められる教育を実現していくためには，よりよい学校教育を通してよりよい社会を創るという理念を学校と社会とが共有し，それぞれの幼稚園において，幼児期にふさわしい生活をどのように展開し，どのような資質・能力を育むようにするのかを教育課程において明確にしながら，社会との連携及び協働によりその実現を図っていくという，社会に開かれた教育課程の実現が重要となる。

　具体的に幼稚園において必要な教育の内容を組織的かつ計画的に組み立てたものが教育課程である。教育課程はどのような教育を行うかという理念と，そのもとで，幼稚園で幼児期にふさわしい教育を展開し，どのような資質・能力を明確にするものであるかについて述べている。

　幼児教育の目標は，義務教育を修了した子どもたちが，未来の社会を創り，生きていくための資質・能力を育てることである。そのためには，以下の3つのポイントを意識していく必要がある。

①教育課程が幼稚園の中だけで完結するものではなく，その先にある小学校・中学校・高等学校や社会へと，時間的な見通しをもって開かれていなければならない。つまり，教育課程は時間的に開かれていなければならない。

②幼稚園は小学校としっかり連携して，幼稚園で大切に育んできたことを小学校でさらに育み伸ばしていけるようにする。そのために，教育課程は幼稚園と小学校，その先の学校間でも開かれている必要がある。

③教育課程は常に保護者や地域社会にも開かれている必要がある。幼稚園の教育や子どもの状況について，保護者や地域の人と常に情報を共有し，その人たちの声に謙虚に耳をかたむけ，振り返りをしながら，幼稚園教育について理解してもらうことが大切である。つまり，教育課程は空間的に開かれていなければならない。

2) 幼稚園教育要領　第1章　総則　第1　幼稚園教育の基本

> 　幼児期の教育は，生涯にわたる人格形成の基礎を培う重要なものであり，幼稚園教育は，学校教育法に規定する目的及び目標を達成するため，幼児期の特性を踏まえ，環境を通して行うものであることを基本とする。
> 　このため教師は，幼児との信頼関係を十分に築き，幼児が身近な環境に主体的に関わり，環境との関わり方や意味に気付き，これらを取り込もうとして，試行錯誤したり，考えたりするようになる幼児期の教育における見方・考え方を生かし，幼児と共によりよい教育環境を創造するように努めるものとする。（後略）

　幼稚園教育における保育者の役割には，教育的働きかけとしての指導のもとに，直接的に子どもに指示したり説明したり，活動を見守ったり，また，子どもたちの話し合いを仲介したり，子どもたちと一緒に遊んだりしながら子どもたちの遊びを盛り立てていく，といったものがある。また，遊具や掲示を工夫するなどの環境構成，記録をとって保育を見直したり，記録の内容を話し合ったり，全体的な指導計画をつくり直したりすることなど，保育者としての仕事の内容は多種である。

　また，幼児教育の「見方・考え方」についても総則に新たに示されている。幼児教育における「見方・考え方」は，子どもがそれぞれの発達に即しながら身近な環境に主体的にかかわり，心動かされる体験を重ね，遊びが発展し生活が広がるなかで，環境とのかかわり方や意味に気づき，これらを取り込もうとして，諸感覚を働かせながら，試行錯誤したり，思いめぐらしたりすることである。また，このような「見方・考え方」は，遊びや生活のなかで幼児理解に基づいた保育者による意図的，計画的な環境の構成のもとで，保育者や友だちとかかわり，さまざまな体験をすることを通して広がったり，深まったりして，修正・変化し発展していくものである。こういった「見方・考え方」が幼児教育においてはいちばん重要なことであり，それを通して子どもたちの学びは成り立っていくのである。このようなさまざまな体験を通して培われた「見方・考え方」は，小学校以降において，各教科等の「見方・考え方」の基礎になるとともに，これらを統合化することの基礎ともなるも

のである。
　幼児教育が，人の生涯にわたる人格形成の基礎を培う重要なものであり，環境を通して行うものであることについて，3つの視点から示されている。
① 幼児期にふさわしい生活の展開

> 1　幼児は安定した情緒の下で自己を十分に発揮することにより発達に必要な体験を得ていくものであることを考慮して，幼児の主体的な活動を促し，幼児期にふさわしい生活が展開されるようにすること。

　子どもにはいつでも自分の話を聞いてくれたり，気持ちを受け止めてくれたりする大人の存在が必要である。特に保育者は，子どもの「安定した情緒」をつくりだすために，最初に不安を取り除く環境をつくることが必要である。そうした大人の存在があって初めて情緒は安定し，生き生きと自分の気持ちや考えを述べるなどして，自己発揮をすることができるのである。
　また，幼児教育は保育者主導の一方的な教育ではない。活動の主体はあくまでも子どもである。子どもが自発的に周囲に働きかけ，試行錯誤を繰り返して，発達に必要なものを獲得していく意欲や態度，気づきや考える力などを育んでいく。
② 遊びを通しての総合的な指導

> 2　幼児の自発的な活動としての遊びは，心身の調和のとれた発達の基礎を培う重要な学習であることを考慮して，遊びを通しての指導を中心として第2章に示すねらいが総合的に達成されるようにすること。

　「遊びを通して学ぶ」とは，子どもの自主性・自発性が前提である。「ああ，おもしろい」と思うことを見つけて友だちに知らせ，協働しながらのめり込んでいくうちに，子どもは自分自身でも自覚しないままたくさんのことを学んでいくのである。このような当たり前の日常を，保育者は教育の営みとしてしっかり自覚し，それを後押ししていく必要がある。また，幼稚園としてその方法を定着させ，言語化していくことも必要である。

③ 一人一人の特性に応じた指導

> 3　幼児の発達は，心身の諸側面が相互に関連し合い，多様な経過をたどって成し遂げられていくものであること，また，幼児の生活経験がそれぞれ異なることなどを考慮して，幼児一人一人の特性に応じ，発達の課題に即した指導を行うようにすること。

　子どもの「発達」について保育者がどのようにとらえるべきかが示されている。幼児一人一人の発達や生活体験はさまざまである。子どもの発達を知るということは，保育者の目の前にいる子どもの特性を生かしながら，そのときどきの活動のなかで子どもが心を動かされているものをしっかりとらえ，子どもの次の活動を予測し，よりよい環境をつくっていくために重要なことである。子どもたちはあらゆる体験を通して，自分が生きる世界に対する不思議さや感動を味わっている。保育者は，それをしっかり把握することが大事である。ただし，ここでいう「発達」とは全体の平均から導き出される画一的な発達段階ではなく，子ども「一人一人の特性」，いわゆる個性について目を向けていく必要があるということである。

　以上の３つの視点は，今回の改訂では大きく変更はされていない。そして，この３つを保育者の立場からどのようにとらえるべきかをもう一度示し，幼稚園教育についての共通理解をめざしたものが，以下の文言である。

> 　その際，教師は，幼児の主体的な活動が確保されるよう幼児一人一人の行動の理解と予想に基づき，計画的に環境を構成しなければならない。この場合において，教師は，幼児と人やものとの関わりが重要であることを踏まえ，教材を工夫し，物的・空間的環境を構成しなければならない。また，幼児一人一人の活動の場面に応じて，様々な役割を果たし，その活動を豊かにしなければならない。

　ここでいう環境とは，子どもの身近にあって，物や空間だけでなく保育者や友だちとのかかわりを含めたすべての状況を指す。保育者は，子どもたちに主体的な活動が生まれ，展開しやすい環境を，意図をもって構成していく必要がある。

幼児教育における教材は，子どもを取り巻く環境のすべてである。例えば，雨，風，雲，太陽といった自然現象も教材であるし，木や花，木の実，落ち葉，虫や動物などの自然物はもちろん，園内に置かれた絵，玩具，楽器，子どもの作品，紙や文房具も教材である。食事用のコップやスプーンも，水を入れてたたいてみると教材となる。つまり，幼稚園での生活や遊びのあらゆる場面で子どもにとって意味のあるもの，子どもがそれを通して学んでいくものは，教材なのである。

　また，園には，土や砂，紙パックや段ボールなどのような，素材としての教材がたくさんある。それを使って子どもが保育者と一緒に玩具や遊具を作れば，それは別の教材になっていく。

　したがって，どんな教材を用意して与えるか，ではなく，保育者が教材のあり方，とらえ方を広げていくことが大切である。あらゆるものが教材になり，それを使って何を作り，それをどう使い，どう遊ぶかで，その教材のあり方や意味が変わってくるからである。子どもがその素材をどう使っていくかなど，子どもの活動をよく見て，見通しをもったうえで必要な教材を準備していくことが大切なのである。

3）幼稚園教育要領　第1章　総則　第2　幼稚園教育において育みたい資質・能力及び「幼児期の終わりまでに育ってほしい姿」

① 幼稚園教育において育みたい資質・能力 (p.17の資料1参照)

　幼児教育の段階で育つことをめざす「幼稚園教育において育みたい資質・能力」は，「生きる力」の基礎となるものである。今回の幼稚園教育要領の改訂では，「資質・能力」というとらえ方を取り入れている。この「資質・能力」は，学びが幼児教育，小学校，中学校，高等学校へとつながっていくなかで，そのつながりの根本となる力とは何かを見すえながら，幼児教育において育てたい3つの柱をはっきりと示したものである。この「資質・能力」は，小学校以降の教科指導によるものとは異なり，遊びや生活を通じて，一体的に育まれることが大切である。その意味では，3つの柱のうちのどの要素を育てるときにも，他の要素も考慮しながら，指導していく必要があるだろう。

従来の幼稚園教育要領でも，発達の連続性や学びの連続性ということがいわれてきたが，その中身については，あまり具体的ではなかった。そこで今回の改訂では，その最も根幹となるものを「資質・能力」というもので示し，それが乳幼児期に始まり，小学校，中学校，高等学校へとつながっていくことを示した。

　「資質・能力」の柱は3つの要素があげられているが，大きく分ければ，知的な力，情意的な力の2つに分けられる。

○**知的な力**：物事について知ることと，知ったことについて考えること。

　　知的な力の芽生えは乳幼児期から始まっていて，さまざまなものにふれながら，それが「どういうものか」を知り，さらに「なぜそうなるのか」「どうしてだろう」と考えること。これらを資質・能力の柱では，「知識及び技能の基礎」，そして「思考力，判断力，表現力等の基礎」ということばで表している。

・知識及び技能の基礎：遊びや生活のなかで，感じたり，気づいたり，わかったり，できるようになったりすること。

・思考力，判断力，表現力等の基礎：遊びのなかで生まれた「自分たちがやりたいこと」に向けて，気づいたことやできるようになったことを生かしながら，考えたり，試したり工夫したりすること。

○**情意的な力**：情緒や感情，感性，感覚を働かせ，さらにいろいろなことについてやる気と興味をもってがんばっていくこと。

・学びに向かう力，人間性等：「心情・意欲・態度」ともいえる。心情（気持ちや感情，感性），意欲（やる気や興味），態度（自分のやろうとしていることについて友だちと協力しながらがんばる，粘り強くやり遂げようとする，むずかしいことに挑戦していく）。これを「社会情動的スキル」または「非認知能力」と呼ぶ。それは知的な能力とは違うが，このような力は，これまでの幼児教育で大切にされてきたもので，幼児教育が小学校以降の教育以上に重要な意味をもつともいえよう。

> 第2　幼稚園教育において育みたい資質・能力及び「幼児期の終わりまでに育ってほしい姿」
>   1　幼稚園においては，生きる力の基礎を育むため，この章の第1に示す幼稚園教育の基本を踏まえ，次に掲げる資質・能力を一体的に育むよう努めるものとする。
>   (1)　豊かな体験を通じて，感じたり，気付いたり，分かったり，できるようになったりする「知識及び技能の基礎」
>   (2)　気付いたことや，できるようになったことなどを使い，考えたり，試したり，工夫したり，表現したりする「思考力，判断力，表現力等の基礎」
>   (3)　心情，意欲，態度が育つ中で，よりよい生活を営もうとする「学びに向かう力，人間性等」
>   2　1に示す資質・能力は，第2章に示すねらい及び内容に基づく活動全体によって育むものである。

②　「幼児期の終わりまでに育ってほしい姿」(p.17の資料2参照)

　「幼児期の終わりまでに育ってほしい姿」とは，幼稚園教育要領などの5領域の内容等を踏まえ，幼児が5歳児修了時までに育ってほしい具体的な姿を，幼児教育において育みたい資質・能力の3つの柱を踏まえつつ明らかにしたものである。つまり，「資質・能力」を具体的に育てようとするときに，どのような点に注意して指導すればよいのかを表したものが，「幼児期の終わりまでに育ってほしい姿」（10の姿）である。

　個々の具体的内容は，これまでの5領域で示されてきたもので，特に新しいものではない。ただ，5領域の「ねらい」だけでは，幼児期の終わりまでにどれだけの力がついたというところにはなかなか結びつかない。また，5領域という分類を使わない小学校への接続をわかりやすくするためのものでもある。

　この「10の姿」は，「できる・できない」という到達目標ではない。そのため，目標ではなく「姿」という文言を使っているのである。だから，この「10の姿」は，子どもにどんな資質・能力が育っているかを保育者が知り，日々

の保育を評価する軸となるものである。

「10の姿」のおのおのについては、次のように述べられている。

> 3　次に示す「幼児期の終わりまでに育ってほしい姿」は、第2章に示すねらい及び内容に基づく活動全体を通して資質・能力が育まれている幼児の幼稚園修了時の具体的な姿であり、教師が指導を行う際に考慮するものである。
>
> (1)　健康な心と体
> 　　幼稚園生活の中で、充実感をもって自分のやりたいことに向かって心と体を十分に働かせ、見通しをもって行動し、自ら健康で安全な生活をつくり出すようになる。
>
> (2)　自立心
> 　　身近な環境に主体的に関わり様々な活動を楽しむ中で、しなければならないことを自覚し、自分の力で行うために考えたり、工夫したりしながら、諦めずにやり遂げることで達成感を味わい、自信をもって行動するようになる。
>
> (3)　協同性
> 　　友達と関わる中で、互いの思いや考えなどを共有し、共通の目的の実現に向けて、考えたり、工夫したり、協力したりし、充実感をもってやり遂げるようになる。
>
> (4)　道徳性・規範意識の芽生え
> 　　友達と様々な体験を重ねる中で、してよいことや悪いことが分かり、自分の行動を振り返ったり、友達の気持ちに共感したりし、相手の立場に立って行動するようになる。また、きまりを守る必要性が分かり、自分の気持ちを調整し、友達と折り合いを付けながら、きまりをつくったり、守ったりするようになる。
>
> (5)　社会生活との関わり
> 　　家族を大切にしようとする気持ちをもつとともに、地域の身近な人と触れ合う中で、人との様々な関わり方に気付き、相手の気持ちを考えて関わり、自分が役に立つ喜びを感じ、地域に親しみをもつようになる。また、幼稚園内外の様々な環境に関わる中で、遊びや生活に必要な情報を取り入れ、情報に基づき判断したり、情報を伝え合ったり、

活用したりするなど，情報を役立てながら活動するようになるとともに，公共の施設を大切に利用するなどして，社会とのつながりなどを意識するようになる。

(6) 思考力の芽生え

身近な事象に積極的に関わる中で，物の性質や仕組みなどを感じ取ったり，気付いたりし，考えたり，予想したり，工夫したりするなど，多様な関わりを楽しむようになる。また，友達の様々な考えに触れる中で，自分と異なる考えがあることに気付き，自ら判断したり，考え直したりするなど，新しい考えを生み出す喜びを味わいながら，自分の考えをよりよいものにするようになる。

(7) 自然との関わり・生命尊重

自然に触れて感動する体験を通して，自然の変化などを感じ取り，好奇心や探究心をもって考え言葉などで表現しながら，身近な事象への関心が高まるとともに，自然への愛情や畏敬の念をもつようになる。また，身近な動植物に心を動かされる中で，生命の不思議さや尊さに気付き，身近な動植物への接し方を考え，命あるものとしていたわり，大切にする気持ちをもって関わるようになる。

(8) 数量や図形，標識や文字などへの関心・感覚

遊びや生活の中で，数量や図形，標識や文字などに親しむ体験を重ねたり，標識や文字の役割に気付いたりし，自らの必要感に基づきこれらを活用し，興味や関心，感覚をもつようになる。

(9) 言葉による伝え合い

先生や友達と心を通わせる中で，絵本や物語などに親しみながら，豊かな言葉や表現を身に付け，経験したことや考えたことなどを言葉で伝えたり，相手の話を注意して聞いたりし，言葉による伝え合いを楽しむようになる。

(10) 豊かな感性と表現

心を動かす出来事などに触れ感性を働かせる中で，様々な素材の特徴や表現の仕方などに気付き，感じたことや考えたことを自分で表現したり，友達同士で表現する過程を楽しんだりし，表現する喜びを味わい，意欲をもつようになる。

以下に「10の姿」に主に対応する領域を示す。ただし，その領域のみで育まれるものではなく，「幼稚園教育要領」第2章に示す「ねらい及び内容」に基づく活動全体を通して育まれることに留意する必要がある。

(1) 健康な心と体（5領域：健康）
　これは領域「健康」の内容を要約している。心身のかかわりとは充実感と満足感を感じることにより十分なものとなっていく。心と体の密接なつながりに配慮することが大切である。

(2) 自立心（5領域：人間関係）
　これは主に領域「人間関係」に属する内容である。「非認知能力」と呼ばれることもあり，「資質・能力」とも対応するものである。つまり，自立心は，幼児教育の中心的なものであり，幼児教育は子どもが自立していく場だともいえよう。

(3) 協同性（5領域：人間関係）
　これも「人間関係」の領域に属している。ここでいう「協同性」とは，単に子ども同士が仲よくするだけではなく，一緒に何かをする，そしてそのためにそれぞれが力を出し合い，共通のものにしていく，という意味である。

(4) 道徳性・規範意識の芽生え（5領域：人間関係）
　これも領域「人間関係」であり，「内容の取扱い」には，道徳性の芽生えと規範意識の芽生えの2つがあげられている。一つは人と仲よくやっていこうとする思いやりを育てることである。それに対して，規範意識の芽生えは，ルールやきまりの意味を理解し，それを守ろうとすることである。ときには，きまりを守れないこともあると思うが，そのときは，自分の気持ちを調整し，コントロールすること（自己調整力）も必要となる。

(5) 社会生活との関わり（5領域：人間関係，環境）
　これは領域「人間関係」が主だが，情報については領域「環境」でも言及されている。園にいるのは年齢の近い子どもたちと保育者だが，それ以外の人たちとの出会いや交流を，保育を通してつくっていく必要がある。さらに，現代生活ではインターネットを通して得た情報を使ったり，デジタルカメラやタブレットなどを使って子どもなりに情報を発信したりすることもあるだ

ろう。そこでは「子どもの実感のある体験」を重視しながら，情報を活用することを経験してみることも意味があるだろう。

(6) 思考力の芽生え（5領域：環境）

これは領域「環境」の内容であり，「資質・能力」の3つの柱の2番目「考える力」である。幼児にもすでに思考力の芽生えがあり，幼児期にそれを育てるからこそ，小学校以降の教育の基盤として働くということが，特に強調されている。

(7) 自然との関わり，生命尊重（5領域：環境）

これは領域「環境」にある2つの項目を合わせてつくってある。1つは「自然との関わりのなかで好奇心をもち，探求心が育っていくこと」。もう1つは，「動植物との出会いを通して命の大切さを感じること」である。

(8) 数量や図形，標識や文字などへの関心・感覚（5領域：環境，言葉）

> 遊びや生活の中で，数量や図形，標識や文字などに親しむ体験を重ねたり，標識や文字の役割に気付いたりし，自らの必要感に基づきこれらを活用し，興味や関心，感覚をもつようになる。

この項目は領域「環境」と，文字などは一部「言葉」の領域にも関連する。数量や文字などに関しては，従来から「環境」や「言葉」の領域でその関心や感覚を育てるものとされてきた。算数や国語という小学校の教科の前倒しではなく，身近な環境での遊びや生活を通して，さまざまな数量や図形，標識や文字といった記号に気づき，それぞれがどういうものかを直感的にわかるようになることを指している。また，文字では，自分の名前や友だちの名前のひらがなを読みながら少しずつ意味を知り，次第に自分たちなりに使うようになることが，数量や図形，標識や文字などへの興味や関心，感覚の始まりである。

(9) 言葉による伝え合い（5領域：言葉）

> 先生や友達と心を通わせる中で，絵本や物語などに親しみながら，豊かな言葉や表現を身に付け，経験したことや考えたことなどを言葉で伝えたり，相手の話を注意して聞いたりし，言葉による伝え合いを楽しむようになる。

これは領域「言葉」の内容の取扱いを中心に，そのポイントについて年長児をイメージして表している。ことばは，身近な人に親しみをもって接し，自分の感情や意志などを伝え，それに相手が応答し，そのことばを聞くことを通して次第に獲得されていく。さらに，子どもが自分の思いをことばで伝えるとともに，保育者や他の子どもなどの話を，興味をもって注意して聞くことを通して次第に理解するようになっていき，ことばによる伝え合いができるようになる。そこでは特に，保育者の仲介や子どもと保育者の対話が大切になる。

　絵本や物語などのことばを使った文化財にも大事な意味がある。絵本や物語の内容と自分の経験を結びつけたり，想像をめぐらせたりするなど，楽しみを十分に味わうことによって次第に豊かなイメージをもち，ことばに対する感覚が養われるようになる。ことばは常に場面のなかで生まれ，やりとりをされて，意味あるものとして理解され，使われるのであり，ここでの大人の果たす役割は大変重要である。

(10)　豊かな感性と表現（5領域：表現）

> 　心を動かす出来事などに触れ感性を働かせる中で，様々な素材の特徴や表現の仕方などに気付き，感じたことや考えたことを自分で表現したり，友達同士で表現する過程を楽しんだりし，表現する喜びを味わい，意欲をもつようになる。

　これは領域「表現」が主となっている。領域「表現」は，通常，造形活動と音楽活動，体による表現が考えられるが，体による表現とことばによる表現がつながった劇遊びなども，表現領域の活動となる。

(2) 保育所保育の基本

　平成29年の改訂では，先にも述べたように幼稚園，保育所，認定こども園も日本の大切な幼児教育施設として位置づけられた。これは，幼稚園，保育所，認定こども園で行われる幼児教育が同質のものだということ，3つの幼児教育施設を卒園して小学校に就学した子どもたちの育ちは同じであることを示すものでもある。したがって，新しい保育所保育指針は幼稚園教育要

領の形式により近いものになっている。平成20年告示の保育所保育指針は7章の構成で書かれていたが，今回は5章の構成になった。全5章のなかで，最も充実したのが第1章「総則」である。今回の改訂では，「総則」の「4 幼児教育を行う施設として共有すべき事項」に「育みたい資質・能力」の3つの柱と並んで「幼児期の終わりまでに育ってほしい姿」（10の姿）が示されている。これは主に幼・保・小の連携と接続を強めるための議論のなかで明確にされてきた育ちの目標となる姿である。今回の改訂で，保育所も「幼児教育」機関として幼稚園と同じことをめざすことがうたわれたので，この「幼児期の終わりまでに育ってほしい姿」も同じように位置づけることになった。

(3) 幼児教育を通じて育みたい資質・能力と初等中等教育

今回，「幼稚園教育要領」「保育所保育指針」「幼保連携型認定こども園教育・保育要領」の3法令が同時に改訂された趣旨としては，幼児教育と，その上の小学校，中学校，高等学校との接続がある。今回の改訂では幼児教育・保育だけでなく，小学校以上の学習指導要領も同時に改訂された。日本の教育の大改革が行われているのである。「接続」とは，主にカリキュラムの接続を指し，幼児教育と小学校教育をつないでいくことを指す。これについては，幼稚園でも保育所でも幼保連携型認定こども園でも「幼児期の終わりまでに育ってほしい姿」（10の姿）を共有していくことで，明確になった。

ではなぜこのような教育の大改革が行われているかというと，「社会に開かれた教育課程」をめざしているからである。「社会に開かれた教育課程」を強調するのは，日本や世界の状況を幅広く視野に入れて教育課程をつくり出してほしいという願いがあるからだ。幼児教育施設に対しても，子どもたちに未来のつくり手となるために必要な「資質・能力」を育むことが期待されている。

「10の姿」には，「数量や図形，標識や文字などへの関心・感覚」（例えば算数の基礎），「言葉による伝え合い」（例えば国語の基礎），「健康な心と体」（例えば体育の基礎），「自立心」（例えば生活科）や小学校生活全体にかかわるものの基礎が育まれている。小学校教育はそこを出発点にし，育ちつつある「10

1. 教育・保育の基本と領域「言葉」

資料1　幼児教育において「育みたい資質・能力」の3つの柱

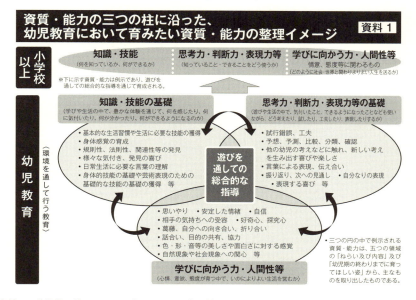

資料2　幼児期の終わりまでに育ってほしい姿の整理イメージ

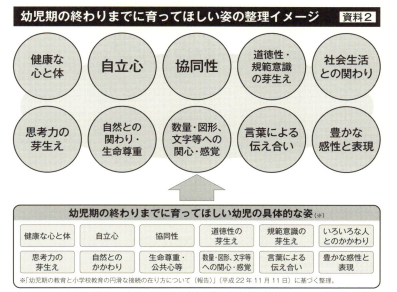

（資料1・資料2とも「中央教育審議会幼児教育部会取りまとめ」平成28年3月30日より）

の姿」を子どもたちが発揮できるようにする。特に小学校1年生の4月，5月は，その姿を生かしながら，時間をかけて国語や算数といった各教科の教育につないでいく。したがって，子どもたちは新しい環境でゼロからのスタートを切るのではなく，乳児期，あるいは3歳頃から芽生えて育っている力を，小学校，中学校，高等学校，大学，そして社会人に至るまで伸ばし続けるのである。

　また，従来，幼稚園・保育所・小学校の連携では，「小学校では45分授業だから45分間は座っていられるようにしよう」「自分の名前ぐらいは書けるようにしよう」などといわれてきたが，これは幼児教育の本質ではない。ただ座っていればよいのではなく，先生の話に興味をもち，十分に聞き取る力のある子どもに育っている必要がある。そこで，幼稚園・保育所・認定こども園がそういう姿の子どもを育て，責任をもって送り出し，小学校側は，そういう姿をもった子どもを受け入れ，小学校教育で伸ばしていく必要があるだろう。これを受けて，小学校でも入学時の「スタートカリキュラム」が義務づけられ，幼児教育で学んだことを小学校・中学校・高等学校へと発展させていこうという，長期的な展望をもって幼児教育を規定したのである。

2. 領域「言葉」のねらいと内容

　5領域は，子どもの発達を，「健康」「人間関係」「環境」「言葉」「表現」という5つの側面からとらえたものである。その5つの各領域において，園生活を通して，子どもたちに身につけてほしいことをまとめたのが「ねらい」である。さらに，子どもたちがそこで「何を」経験すればよいかという「何を」にあたる点を整理したものが，各領域の「内容」である。そして，「内容の取扱い」には，「内容」に書かれている事柄を子どもたちが経験できるようにするために，保育者が援助や配慮を行うべきことなどが示されている。5領域は，各領域に分けて書かれているが，幼児の発達はさまざまな側面が絡み合い，影響し合いながら遂げられていくものである。したがって，各領域に示されている事柄は，保育者が子どもの生活を通して総合的な指導を行

う際の視点であり，幼児がかかわる環境を構成するときの視点でもある。

　ここで5領域と「資質・能力」，「幼児期の終わりまでに育ってほしい姿」（10の姿）との関係をまとめると，次のようになる。上記の内容を通して育てようとしている根幹の部分が，「知識及び技能の基礎」「思考力，判断力，表現力等の基礎」「学びに向かう力，人間性等」という「資質・能力」の3つの柱である（p.17の資料1参照）。さらに，この「資質・能力」が内容の領域を通して具体的にはどのように育っていくのかの方向性を，幼児期の終わり頃の様子に即して示したのが，「幼児期の終わりまでに育ってほしい姿」（10の姿）である。

(1) 領域「言葉」のねらい

　領域「言葉」は，ことばの獲得に関する領域である。ことばは，人間が人間であることを支えている能力である。人間と他の動物との違いは，ことばを使っているかどうかであるといっても過言ではない。それほど，ことばを使うということは大きな意味をもっている。

　幼稚園教育要領，保育所保育指針（第2章3「3歳以上児の保育に関するねらい及び内容」）の領域「言葉」には3つのねらいが示されている。

　経験したことや考えたことなどを自分なりの言葉で表現し，相手の話す言葉を聞こうとする意欲や態度を育て，言葉に対する感覚や言葉で表現する力を養う。

　1　ねらい
　(1)　自分の気持ちを言葉で表現する楽しさを味わう。
　(2)　人の言葉や話などをよく聞き，自分の経験したことや考えたことを話し，伝え合う喜びを味わう。
　(3)　日常生活に必要な言葉が分かるようになるとともに，絵本や物語などに親しみ，言葉に対する感覚を豊かにし，先生（保育士等）[※1]や友達と心を通わせる。

[※1]（　　）は保育所保育指針での記載。

　生まれたときにはことばをもたない子どもが，ことばという記号に気づき，

それを使えるようになる。さらに音声や符号が通じるだけでなく，ことばが意味内容をもつようになるためには，子どもの思いや感じたことや考えたことをことばに表すことが大切である。これには，まずは子どもの心が感動することであり，そのためには，子どもにとって感動するような出来事への出合いが大変重要となる。しかし，この感動への出合いが偶然生じることを待つという受け身の姿勢ではなく，保育者が環境を工夫し，子どもにとっておもしろく，心揺さぶられる体験を準備していく必要がある。また，子どもの思いや気持ちをことばにするためには，ことばが生まれる環境を整えることは大切であるが，子どものことばを受け止める信頼関係で結ばれた保育者の存在が重要となる。保育者とともにいる喜び，共感し合うことのできる共存関係の成立が大切なのである。保育者が子どもたちの活動や表情から心情を読み取り，「うれしいね。」「楽しいね。」「びっくりしたね。」「悲しいね。」「さびしいね。」などのことばに置き換えて伝えることで，子どもたちは気持ちを表すことばを獲得し，使えるようになっていく。

　また，ことばは人とつながるためにある。3歳児では，当番活動でクラスの友だちの前で自分の名前を言ったり，誕生会で自分の好きな食べ物を発表したりする。4歳児では，3〜4人グループで，自分たちのグループの名前を決める話し合いをしたりなど，保育者が話を引き出し，そのやり取りをみんなに返したりしていく。5歳児では，作品展や音楽発表会など，一人ではできないものをみんなで作り上げていく場面で，友だちの意見を聞いたり，自分の考えを伝えたりして，話し合いができるようになっていく。それには，3歳からの段階的な積み重ねが必要である。

　さらに，日常生活に必要なことばは3歳頃にはだいたいわかるようになるが，集団遊びに慣れていない子どもは，「貸して」「入れて」など，友だちとのコミュニケーションに使うことばを，園生活のなかで獲得していく。また，ねらいの(3)に「言葉に対する感覚を豊かにし」が今回の改訂で加えられた。園で友だちと絵本の話や物語を聞き，友だちと一緒にドキドキしたり，悲しくなったり，うれしくなったりすることで，ことばそのものへの関心を促し，ことばの楽しさやおもしろさや微妙さをことば遊びや絵本などを通して感じられるようにすることである。そういう感覚がもとになって，ことばの理解

が広がり，コミュニケーションにも使えるようになっていき，さらに小学校以降の国語の教育の基礎が培われるのである。

(2) 領域「言葉」の内容

領域「言葉」の3つのねらいをより具体的に表すものとして，幼稚園教育要領，保育所保育指針（「3歳以上児の保育に関するねらい及び内容」）には以下にあげる10項目の内容が示されている。

---

(1) 先生（保育士等）[*1]や友達の言葉や話に興味や関心をもち，親しみをもって聞いたり，話したりする。
(2) したり，見たり，聞いたり，感じたり，考えたりなどしたことを自分なりに言葉で表現する。
(3) したいこと，してほしいことを言葉で表現したり，分からないことを尋ねたりする。
(4) 人の話を注意して聞き，相手に分かるように話す。
(5) 生活の中で必要な言葉が分かり，使う。
(6) 親しみをもって日常の挨拶をする。
(7) 生活の中で言葉の楽しさや美しさに気付く。
(8) いろいろな体験を通じてイメージや言葉を豊かにする。
(9) 絵本や物語などに親しみ，興味をもって聞き，想像をする楽しさを味わう。
(10) 日常生活の中で，文字などで伝える楽しさを味わう。

[*1]（　）は保育所保育指針での記載。

幼稚園教育要領，保育所保育指針（「3歳以上児の保育に関するねらい及び内容」）の10項目の内容の取扱いとして，以下の5つの点が述べられている。

---

(1) 言葉は，身近な人に親しみをもって接し，自分の感情や意志などを伝え，それに相手が応答し，その言葉を聞くことを通して次第に獲得されていくものであることを考慮して，幼児が教師や他の幼児と関わることにより心を動かされるような体験をし，言葉を交わす喜びを味わえるようにすること。

(2) 幼児が自分の思いを言葉で伝えるとともに，教師や他の幼児などの話を興味をもって注意して聞くことを通して次第に話を理解するようになっていき，言葉による伝え合いができるようにすること。
(3) 絵本や物語などで，その内容と自分の経験とを結び付けたり，想像を巡らせたりするなど，楽しみを十分に味わうことによって，次第に豊かなイメージをもち，言葉に対する感覚が養われるようにすること。
<u>(4) 幼児が生活の中で，言葉の響きやリズム，新しい言葉や表現などに触れ，これらを使う楽しさを味わえるようにすること。その際，絵本や物語に親しんだり，言葉遊びなどをしたりすることを通して，言葉が豊かになるようにすること。</u>
(5) 幼児が日常生活の中で，文字などを使いながら思ったことや考えたことを伝える喜びや楽しさを味わい，文字に対する興味や関心をもつようにすること。

　今回の改訂で，「内容の取扱い」の(4)が新設された。これは，ねらいの(3)とも連動するが，ことばそのものに対する興味を促して，ことばの感覚を豊かにしていく。ことばの感覚とは，ことばの響きやリズムに敏感になることである。幼児期のことばの発達は著しく，語彙が増えるだけでなく，その意味やニュアンスを感じ取り，自分からさまざまな場面で使っていく。日々，大人との対話や絵本やことば遊びを通して，新しいことばを増やし，その意味の広がりがわかり，響きやリズムのおもしろさを感じ取る。例えば，保育者に『三びきのやぎのがらがらどん』の絵本を読んでもらい，たっぷりと物語の世界を楽しむと，子どもたちは登場人物になって遊びたくなる。「小さいやぎのがらがらどん」「中くらいのやぎのがらがらどん」「大きいやぎのがらがらどん」になりきって橋を渡る。どんなふうに言うか，どう動くかの決まりはなく，一人一人の子どもが感じたままに，そのことばのイメージをもちながら「がらがらどん」を表現する。保育者は「それはおもしろそうね。」「それもいいね。」と，子どものことばやさまざまな表現を認め，一緒に楽しむという関係づくりをして遊ぶことが基本である。一人一人のことばや表現に正解はなく，もちろん完成度を競うものでもない。

3.「乳児保育に関わるねらい及び内容」と「1歳以上3歳未満児の保育に関わるねらい及び内容」

　今回改訂された保育所保育指針の第2章には,「保育の内容」が記載されている。ここに新しく盛り込まれたのが「乳児保育に関わるねらい及び内容」と「1歳以上3歳未満児の保育に関わるねらい及び内容」である。これらが新しく設定された理由のひとつには, 3～5歳児と0～2歳児では保育・教育の課題や目標が少し違うということである。前述したが, 3歳以上児の保育については, 幼稚園教育要領と同じように年齢別に分けずに5領域で書かれているが, 今回の改訂では, 0歳児つまり乳児の保育と1歳児及び2歳児の保育に分けて,「ねらい」と「内容」を記述している。ここでの年齢区分は, 暦年齢ではなく, 発達上の連続性, 発達のつながりと考えることが重要である。また, 1・2歳児については,「1歳以上3歳未満児の保育に関わるねらい及び内容」に整理された。

(1) 乳児保育に関わるねらい及び内容

　保育所保育指針第2章では,「1　乳児保育に関わるねらい及び内容」について次のように述べられている。

> (1)　基本的事項
> 　ア　乳児期の発達については, 視覚, 聴覚などの感覚や, 座る, はう, 歩くなどの運動機能が著しく発達し, 特定の大人との応答的な関わりを通じて, 情緒的な絆(きずな)が形成されるといった特徴がある。これらの発達の特徴を踏まえて, 乳児保育は, 愛情豊かに, 応答的に行われることが特に必要である。
> 　イ　本項においては, この時期の発達の特徴を踏まえ, 乳児保育の「ねらい」及び「内容」については, 身体的発達に関する視点「健やかに伸び伸びと育つ」, 社会的発達に関する視点「身近な人と気持ちが通じ合う」及び精神的発達に関する視点「身近なものと関わり感性が育つ」としてまとめ, 示している。

> ウ　本項の各視点において示す保育の内容は，第1章の2に示された養護における「生命の保持」及び「情緒の安定」に関わる保育の内容と，一体となって展開されるものであることに留意が必要である。

　5領域を基礎にしながら新しく0歳児の保育のねらいと内容が，「健やかに伸び伸びと育つ」「身近な人と気持ちが通じ合う」「身近なものと関わり感性が育つ」の3つの視点でねらいが定められている（資料3参照）。しかも，これらの3つの視点はひとつずつわかれているのではなく，境界があいまいで，それぞれが重なり合い影響し合ってそれぞれの側面が少しずつ育っていくのである。また，5領域のように明確に分けられないので，このような3つの視点で評価した方が記述しやすく，保育を構想しやすいだろうということで変更された。しかし，もとの5領域の個々のねらい，内容と関係性が切れているわけではない。

　以下には，社会的発達に関する視点「身近な人と気持ちが通じ合う」（領

0歳時の保育内容の記載のイメージ

図中：言葉／表現／養護／人間関係／環境／健康／身近な人と気持ちが通じ合う／身近なものと関わり感性が育つ／健やかに伸び伸びと育つ
※生活や遊びを通じて、子どもたちの身体的・精神的・社会的発達の基盤を培う

○乳児保育については、生活や遊びが充実することを通して、子どもたちの身体的・精神的・社会的発達の基盤を培うという基本的な考え方を踏まえ、乳児を主体に、「身近な人と気持ちが通じ合う」「身近なものと関わり感性が育つ」「健やかに伸びびと育つ」という視点から、保育の内容等を記載。保育現場で取り組みやすいものとなるよう整理・充実。
○「身近な人と気持ちが通じ合う」という視点からは、主に現行指針の「言葉」「人間関係」の領域で示している保育内容との連続性を意識しながら、保育のねらい・内容等について整理・記載。乳児からの働きかけを周囲の大人が受容し、応答的に関与する環境の重要性を踏まえ記載。
○「身近なものと関わり感性が育つ」という視点からは、主に現行指針の「表現」「環境」の領域で示している保育内容との連続性を意識しながら、保育のねらい・内容等について整理・記載。乳児が好奇心を持つような環境構成を意識して記載。

http://www.mhlw.go.jp/file/05-Shingikai-12601000-Seisakutoukatsukan-Sanjikanshitsu_Shakaihoshoutantou/04_1.pdf

3.「乳児保育に関わるねらい及び内容」と「1歳以上3歳未満児の保育に関わるねらい及び内容」

域「人間関係」と「言葉」の両方にまたがった視点の部分）を示す。

　話すことができない乳児は,「おむつが濡れた」と泣いて他者に働きかける。保育者は,「おむつ濡れて気持ち悪いね。」と共感的に応答して,おむつをかえる。このやり取りを通して,乳児はおむつが濡れた感覚や新しいおむつにかえてもらって気持ちがよくなる感覚を味わう。このやり取りが繰り返されるなかで,自分の欲求が満たされ,よい気持ちになるときには,いつも人のあたたかさとやさしい声と顔があることを経験し,人はよいものだと感じていく。したがって,保育者は,乳児が泣いて不快や欲求を表しているときには,それを理解しようと努め,愛情をもって対応することが大切である。つまり,保育者は子どもの気持ちにていねいな応答をしていく必要がある。そして,乳児のこのような感情を受け止めてくれる人の存在が,子どもを安定させ,一緒に過ごす喜びにつながるのであり,このようなていねいな応答をしていくことで,心と体の発達を促していくのである。

　さらに,人と一緒にいることは心地よいということを学んだ乳児は,生後半年前後で,自分にとって特に心地よい「大切な人」との間に密接な関係を結ぶ。それは母親に限ったことでなく,子どものなかでは「園にいるときに大切な人」「遊びのときに大切な人」「寝るときには……」など状況によって信頼関係を結ぶ相手をかえていく。それは,自分の働きかけをよく理解し,それにこたえてくれる特定少数の大人である。多くの保育所では,担当制がとられており,乳児が特定の保育者との間に,しっかりとした愛着関係を築いていくことをめざしているのである。

---

(2) ねらい及び内容

　イ　身近な人と気持ちが通じ合う

　　　受容的・応答的な関わりの下で,何かを伝えようとする意欲や身近な大人との信頼関係を育て,人と関わる力の基盤を培う。

　　(ア) ねらい

　　　① 安心できる関係の下で,身近な人と共に過ごす喜びを感じる。

　　　② 体の動きや表情,発声等により,保育士等と気持ちを通わせようとする。

③ 身近な人と親しみ，関わりを深め，愛情や信頼関係が芽生える。
(イ) 内容
① 子どもからの働きかけを踏まえた，応答的な触れ合いや言葉がけによって，欲求が満たされ，安定感をもって過ごす。
② 体の動きや表情，発声，喃語(なんご)等を優しく受け止めてもらい，保育士等とのやり取りを楽しむ。
③ 生活や遊びの中で，自分の身近な人の存在に気付き，親しみの気持ちを表す。
④ 保育士等による語りかけや歌いかけ，発声や喃語(なんご)等への応答を通じて，言葉の理解や発語の意欲が育つ。
⑤ 温かく，受容的な関わりを通じて，自分を肯定する気持ちが芽生える。
(ウ) 内容の取扱い
上記の取扱いに当たっては，次の事項に留意する必要がある。
① 保育士等との信頼関係に支えられて生活を確立していくことが人と関わる基盤となることを考慮して，子どもの多様な感情を受け止め，温かく受容的・応答的に関わり，一人一人に応じた適切な援助を行うようにすること。
② 身近な人に親しみをもって接し，自分の感情などを表し，それに相手が応答する言葉を聞くことを通して，次第に言葉が獲得されていくことを考慮して，楽しい雰囲気の中での保育士等との関わり合いを大切にし，ゆっくりと優しく話しかけるなど，積極的に言葉のやり取りを楽しむことができるようにすること。

3～4か月の乳児の「アー」「ブー」などの喃語(なんご)(p.51参照)は，7～8か月くらいでは，「マンマン」「バブバブ」のような繰り返しになり，イントネーションを含んで周囲に働きかけるようなものになっていく。その頃には人のまねをしてお辞儀をしたり，「イヤイヤ」と首を振ったりする。10か月頃には，保育者が指さす方に注意を向けたり，物を指さしたりする。ここで，保育者は「きれいな音だね。」「ボールがコロコロいくよ。」などと気持ちのこもったことばで応答し，気持ちを共有することが大切である。乳児が，「自分の

気持ちをわかってくれる」「この人に伝えたい」と思うことが，コミュニケーションを深めていくのである。

(2) 1歳以上3歳未満児の保育に関わるねらい及び内容

1歳以上3歳未満児の「ねらい及び内容」は，平成20年の保育所保育指針と同様に5領域（「健康」「人間関係」「環境」「言葉」「表現」）からなるが，それぞれの領域について，この時期の「ねらい」と「内容」，「内容の取扱い」が盛り込まれた。ただし，ここで大切なことは，1歳以上3歳未満児には，3歳以上児の5領域がそのまま適用されるわけではないということである。3歳未満児の場合，3歳以上児に比べて，保育者の身体的かかわりをともなう養護的な場面が多いが，そこで子どもが経験していることに注目すると，教育的な側面が見えてくる。1歳以上3歳未満児の発達の特性から，この時期の5領域は大きく重なりながら，3歳以上児の生活へと穏やかにつながっていくのである。

また，ここでいう1歳児，3歳児ということばは，乳児のところで記述したが，厳密な暦年齢のことをいっているのではなく，おおよそ1歳児になればとか，おおよそ3歳児になればということを意味していることに注意しよう。大事なことは，個々の子どもたちの発達の連続性をていねいに保障していくことである。

> (1) 基本的事項
> ア （前略）保育士等は，子どもの生活の安定を図りながら，自分でしようとする気持ちを尊重し，温かく見守るとともに，愛情豊かに，応答的に関わることが必要である。
> イ （前略）保育の「ねらい」及び「内容」について，心身の健康に関する領域「健康」，人との関わりに関する領域「人間関係」，身近な環境との関わりに関する領域「環境」，言葉の獲得に関する領域「言葉」及び感性と表現に関する領域「表現」としてまとめ，示している。
> ウ 本項の各領域において示す保育の内容は，第1章の2に示された養護における「生命の保持」及び「情緒の安定」に関わる保育の内容と，一体となって展開されるものであることに留意が必要である。

(2) ねらい及び内容
　エ　言葉
　　経験したことや考えたことなどを自分なりの言葉で表現し，相手の話す言葉を聞こうとする意欲や態度を育て，言葉に対する感覚や言葉で表現する力を養う。
　　(ア)　ねらい
　　　①　言葉遊びや言葉で表現する楽しさを感じる。
　　　②　人の言葉や話などを聞き，自分でも思ったことを伝えようとする。
　　　③　絵本や物語等に親しむとともに，言葉のやり取りを通じて身近な人と気持ちを通わせる。
　　(イ)　内容
　　　①保育士等の応答的な関わりや話しかけにより，自ら言葉を使おうとする。
　　　②　生活に必要な簡単な言葉に気付き，聞き分ける。
　　　③　親しみをもって日常の挨拶に応じる。
　　　④　絵本や紙芝居を楽しみ，簡単な言葉を繰り返したり，模倣をしたりして遊ぶ。
　　　⑤　保育士等とごっこ遊びをする中で，言葉のやり取りを楽しむ。
　　　⑥　保育士等を仲立ちとして，生活や遊びの中で友達との言葉のやり取りを楽しむ。
　　　⑦　保育士等や友達の言葉や話に興味や関心をもって，聞いたり，話したりする。

　1歳頃になると子どもは，「自分でしよう」とする時期に入る。しかし，「自分で」という思いがあっても，実際にはまだ大人の援助が必要なことが多く，自分の気持ちや状況を言葉で伝えることが上手にはできない。そこで，保育者は，子どもを注意深く観察して，その思いをくみ取り，子どもの主体性や自発性を尊重しながら援助したり，あたたかく見守ったりしていく。
　2歳頃になると「自分でやりたい」という気持ちがいろいろな場面で出てくる。保育者に「見てて！」と言い，やりたいという気持ちが強く出てくるのもこの頃である。しかし，うまくいかないことも多く，かんしゃくを起こ

し，保育者の援助の手を，泣いたり怒ったりして拒否したりする。こんなとき，大人の目には「反抗」や「失敗」にうつることもあるが，子どもにとっては「やろうと思ってやってみたが，できなかった」のである。こんなとき，保育者は子どもの意欲や努力を認め，あたたかく見守りながら励ましてあげることが大切である。このようなことを繰り返しながら，子どもは自分の気持ちを受け止めてもらう安心感や，やってみたくてがんばったがうまくいかなかった，でも，そんなときでも自分の気持ちを受け止めてもらえるという体験を通して，自己肯定感などの，さまざまな力を身につけていくのである。

　ことばの発達は先にも述べたが，個人差が非常に大きい。1歳を過ぎる頃から「ママ」「パパ」「ワンワン」「ブーブー」など，身近な人や動物，乗り物などを指す一語文を話し始める。そして，歩くことによって探索行動が盛んになり，1歳半頃には「語彙爆発」と呼ばれるほどことばが増え，2歳近くになると，「パパ，行った」などの二語文が出てくる。そして，周囲の大人に「これ，何？」と質問し，答えてもらうことを繰り返して，3歳頃には約1000語を獲得するといわれている。

　子どもは最初から正しいことばの使い方ができるわけではないので，間違いを正すことに固執せず，まずは，子どものことばを使いたいという気持ちや表現する楽しさ，そして喜びを受け止め，育んでいくことが大切である。

　また，この時期の子どもは，絵本を通してリズミカルなことばの繰り返しやオノマトペに興味をもつ。絵本の中の「イチゴ」を指さして「パクパク」と言いながら食べたり，積み木を電車に見立てて「ガタンゴトン」と言って走らせたりする。このようなとき，保育者はことばの背後にある子どもの気持ちや楽しさに応答することで，子どもは豊かな時間をたっぷりと経験することができるのである。

　子どものことばの発達は，大好きな大人に伝えたいという気持ちが原動力となる。子どもが心揺さぶられる経験をしたり，おもしろいことを発見したりして，「あのね，あのね」と伝えたい気持ちにあふれているときには，ことばを先取りせず，「なあに？」という気持ちを子どもに向け，待つことが大切である。保育者は「おいしい？」「おいしいね。」と一人二役をしてしまわないように留意したい。

2歳ぐらいになると,「朝ご飯食べて,公園に行って……。」など,実際に行動したことを伝えられるようになり,何度も話す。また,集団での読み聞かせでは,例えば,『でんしゃにのって』の話を楽しみにしている。うららちゃんがおばあちゃんに会いに「ここだ」駅まで一人で電車に乗る。そして,「ここだ」駅の次に待っているのは「おばけだー,おばけだー」。おばけが出てくる話をこわがりながらも聞くことができるが,保育者がこわい声で「おばけだー,おばけだー」と言うと,「きゃー」とみんな一緒に逃げていく。これは「こわい」気持ちが通じ合っているからである。このような経験も人の気持ちを理解する土台になっていくのである。

> (ウ) 内容の取扱い
>   上記の取扱いに当たっては,次の事項に留意する必要がある。
> ① 身近な人に親しみをもって接し,自分の感情などを伝え,それに相手が応答し,その言葉を聞くことを通して,次第に言葉が獲得されていくものであることを考慮して,楽しい雰囲気の中で保育士等との言葉のやり取りができるようにすること。
> ② 子どもが自分の思いを言葉で伝えるとともに,他の子どもの話などを聞くことを通して,次第に話を理解し,言葉による伝え合いができるようになるよう,気持ちや経験等の言語化を行うことを援助するなど,子ども同士の関わりの仲立ちを行うようにすること。
> ③ この時期は,片言から,二語文,ごっこ遊びでのやり取りができる程度へと,大きく言葉の習得が進む時期であることから,それぞれの子どもの発達の状況に応じて,遊びや関わりの工夫など,保育の内容を適切に展開することが必要であること。

4. 領域「言葉」と他領域との関係

ここでは,幼稚園教育要領の領域「環境」と領域「言葉」での文字の扱い方について考えてみよう。領域「環境」では,子どもの身のまわりにある文

字に注目している。日常生活のなかで記号や標識を実際に設置している場所で確認したり，写真を見ながら話し合ったりすることは大切なことである。また領域「言葉」では，日常生活のなかで文字などを使って伝える活動に注目している。手紙ごっこなどでは絵を描いたり，文字のつもりで模様のようなものを書いて，相手に親愛の念を表現したりする。母の日などにお母さんの絵を描くのも作品としての表現というより，愛情の伝達の手立てとなっていると考えられる。このように文字の扱い方について「環境」と「言葉」の領域では，理解する側と表現する側に分けられているが，実際の子どもの活動を二分して考えることはむずかしく，密接に入り混じっているのである。したがって，「言葉」という領域だけを取り出して，一つの領域だけに限定した活動を考えて指導することは子どもにとって望ましくない。

次に，幼児期の教育が遊びを通して総合的に行われることを踏まえて，領域「言葉」に示された内容と他の領域とがどのようにかかわっているかについてみてみよう。

領域「言葉」の内容(1)～(4)は，生活に必要なコミュニケーションの基礎を日常生活全般にわたって行われる活動のなかで身につけるための指導の視点を示している。自分の好きな遊びや総合的に行われる楽しい遊びのなかで，子どもは保育者や友だちに親しみを感じ，自分なりにことばで表現したことが相手に伝わったという充実感や満足感をもち，うまく伝わらなかった経験から相手の思いをくみ取ることや相手にわかるように話すことの必要性を学ぶ。ごっこ遊びや集団でのルールのある遊び，儀式や行事への参加などを通してそれを身につけていく。これは「健康」「人間関係」などの領域と密接にかかわってくる部分である。

内容の(5)(6)は，日常生活や園の集団生活で必要なことばが使えることや，あいさつが必要なことを示している。ことばだけを取り出して指導するのではなく，まわりの状況や人間関係のなかで指導することが大切である。これは「人間関係」と「言葉」が密接にかかわってくる部分である。

内容(7)～(9)は，ことばの伝達だけでなく，ことばには響きやリズムの美しさや楽しさがあることに気づかせることや，イメージを豊かにたくわえていくことが豊かなことばの表現につながることを示している。さまざまな体

験をすることや自然にふれる活動，絵本の読み聞かせや音楽や劇の鑑賞などを総合的に体験することが必要である。これは「人間関係」「表現」などの領域と密接にかかわってくる部分である。

　内容(10)は，文字に関心をもち，文字を使用する意味を学ぶことを示している。自分の名前を読んだり，ごっこ遊びで店の看板を作ったり，絵本を作ったりすることなどを通して遊びや生活のなかで文字を使えるようになる。「環境」や「表現」の内容とも関連しており，総合的な遊びを深めるきっかけや手段ともなるのである。

　このように，子どもの発することばはあらゆる領域の活動と密接に関連しているといえる。子どものことばは，表面に表れたことばのみで思いを推しはかることはできない。子どもの発することばには，その子どもなりの意味や背景があり，活動の一連の流れのなかでとらえる必要がある。子どもにとってのことばは，単に意思伝達のための道具ではなく，子どもの心に深く浸透し，その人間形成にも影響を及ぼすものである。したがって，保育者は，子どものことばに対して子どもの活動全体を通して，子ども一人一人が何に気づき，何を身につけることをめざすのかという総合的なねらいをもって指導していくことが重要となる。

　　　　　　　　　　　　　　　　　　　　　　　　　　　　（藪中）

5. 領域「言葉」と環境構成

(1) 環境構成とは

　幼児教育・保育の基本は環境を通して行う教育であり，遊びを通しての総合的な指導である。環境構成は保育の基本である。幼稚園教育要領，保育所保育指針，幼保連携型認定こども園教育・保育要領（以下3法令と略す）が改訂（定）されても，その基本は変わらない。環境構成について3法令にはどのように表記されているだろうか。

5. 領域「言葉」と環境構成

幼稚園教育要領　第1章　総則　第1　幼稚園教育の基本

　幼児期の教育は，生涯にわたる人格形成の基礎を培う重要なものであり，幼稚園教育は，学校教育法に規定する目的及び目標を達成するため，幼児期の特性を踏まえ，<u>環境を通して行うものであることを基本とする。</u>

（中略）

　その際，教師は，幼児の主体的な活動が確保されるよう幼児一人一人の行動の理解と予想に基づき，<u>計画的に環境を構成しなければならない。</u>この場合において，教師は，幼児と人やものとの関わりが重要であることを踏まえ，<u>教材を工夫し，物的・空間的環境を構成しなければならない。</u>（後略）

（下線は筆者）

保育所保育指針　第1章　総則

1　保育所保育に関する基本原則
　(1)　保育所の役割

（中略）

　　イ　保育所は，その目的を達成するために，保育に関する専門性を有する職員が，家庭との緊密な連携の下に，子どもの状況や発達過程を踏まえ，保育所における<u>環境を通して，</u>養護及び教育を一体的に行うことを特性としている。（後略）

　(3)　保育の方法

（中略）

　　オ　<u>子どもが自発的・意欲的に関われるような環境を構成し，</u>子どもの主体的な活動や子ども相互の関わりを大切にすること。（後略）

（下線は筆者）

幼保連携型認定こども園教育・保育要領　第1章　総則

第1　幼保連携型認定こども園における教育及び保育の基本及び目標等
　1　幼保連携型認定こども園における教育及び保育の基本
　　乳幼児期の教育及び保育は，（中略）就学前の子どもに関する教育，保育等の総合的な提供の推進に関する法律（平成18年法律第77号。以下「認

定こども園法」という。）第2条第7項に規定する目的及び第9条に掲げる目標を達成するため，（中略）環境を通して行うものであることを基本とし，家庭や地域での生活を含めた園児の生活全体が豊かなものとなるように努めなければならない。

　このため保育教諭等は，園児との信頼関係を十分に築き，園児が自ら安心して身近な環境に主体的に関わり，環境との関わり方や意味に気付き，これらを取り込もうとして，試行錯誤したり，考えたりするようになる幼児期の教育における見方・考え方を生かし，その活動が豊かに展開されるよう環境を整え，園児と共によりよい教育及び保育の環境を創造するように努めるものとする。（中略）

　その際，保育教諭等は，園児の主体的な活動が確保されるよう，園児一人一人の行動の理解と予想に基づき，計画的に環境を構成しなければならない。この場合において，保育教諭等は，園児と人やものとの関わりが重要であることを踏まえ，教材を工夫し，物的・空間的環境を構成しなければならない。また，園児一人一人の活動の場面に応じて，様々な役割を果たし，その活動を豊かにしなければならない。（後略）

（下線は筆者）

　乳幼児期は最も好奇心が旺盛な時期である。したがって，誰かに指示されなくても，子どもは身近な環境に興味をもって，自分なりのやり方でかかわってみようとする。例えば5歳児クラスの子どもたちが忍者ごっこをやっている姿を4歳児クラスの子どもはよく見ている。「お兄さんたちがおもしろいことやっていたよ。」「こうして遊んでいたよ。」と遊びの情報を得ることにより，「自分たちもやりたい！」「どうやるんだろう？」「やってみよう！」とその遊びを自分たちの遊びに取り込み，自分たちが遊びやすいように遊びを変化させていく。この一連の流れは，新しい要領や指針等で求められている，園やクラスの仲間とかかわるなかで，自分の思いや考えを表現し，伝え合ったり，考えを出し合ったり，協力したりして自らの考えを広げ深める「主体的・対話的で深い学び」の姿と考えられる。このような姿が実現できるようにするためには，保育者の工夫が必要である。子どもたちが遊びに夢中になっているときには，遊びが充実するように援助し，その様子を見ながら発

達を見通して，適当な時期に「もっとこうしたら，子どもの発達を促すことにつながる」という方向に環境を構成することが大切である。子どもが遊びを見つけられずにうろうろと遊びを探している場合には，適当なタイミングで「こうすればいいんじゃない？」「こうやってみたら？」などと遊びを提示し，自分たちの遊びに取り込んでいけるような環境を構成していくことが大切である。そのためにはどんな教材にするか，保育者は，教材の特性をよく知っていることが求められる。教材に対する知識を高めることによって，子どもの思いや動きを受けて豊かな体験ができるように，意図をもって環境を構成し，さらに保育者がこんな援助をすれば遊びがもっと発展するかもしれないと考え，環境を子どもたちと一緒にこんなふうに変えてみようと，環境の再構成をしていく必要がある。

(2) ことばを豊かに育む環境

　ことばを豊かに育む環境とはどのようなものであろうか。

　保育者はどのような援助をすればよいだろうか。保育者は，「この子は今何を感じたいのか，何を感じようとしているのか，何を感じることができるのか」，常に子どもの心のことばに耳を傾けていること，子どもに共感することが必要である。

 1-1
「おみずってふしぎ！」（11か月児　6月）

　11か月を過ぎたあやちゃんは，今日も水道を指さして，「ンー，ンー」と保育者に何かを訴えている。保育者は，いつものあやちゃんの様子から，「おみずジャーしたいの？」「ジャーする？」と言うと，あやちゃんは「ンッ，ンッ。」と自分の要求が受け入れられたことに満足そうである。近頃のあやちゃんのお気に入りの遊びは，水道から出てくる水をさわることである。毎日，毎日，手や足が冷たくなっても飽きずに水道から出てくる水をさわり，からだで感触を感じている。

　そして，保育者の「おみず，おみずよ。」「おみずきもちいいね。」というこ

> とばを聞きながら，両手を水道の蛇口に持っていき，水を当てているあやちゃん。あやちゃんのお水をつかもうとしてつかめない様子を見て，「おみず，つかめないね。ふしぎだね。」と保育者はことばを添えていく。そのことばに「ンッ，ンッ。」とこたえる。このあやちゃんと保育者のかかわりは，あやちゃんが水遊びに飽きるまで毎日毎日繰り返された。

　11か月のあやちゃんは，ことばで自分の気持ちを伝える準備段階にある。指さしをしたり，喃語を用いたりして保育者に自分の気持ちを伝えている。保育者は，あやちゃんとの日々のかかわりのなかで，「おみずジャーしたいの？」ということばの意味を理解している。指さしはことばが出てくる前兆といわれるように，あやちゃんにもまもなく初語が出るであろう。自分でことばを話せなくても，保育者のことばを全身で受け止め，心で感じ理解しているのがこの時期である。したがって，まだおしゃべりできないあやちゃんも，保育者の「おみずよ。」「きもちいいね。」「ふしぎだね。」ということばにしっかりと耳を傾けて理解している。あやちゃんは保育者の添えてくれることばをたよりに，「あっ，これが"みず"っていうんだ。」「こういうことを"きもちいい"っていうんだ。」「"ふしぎ"ってこういうことをいうんだ。」と理解していく。また，あやちゃんは，保育者が自分の遊びを無条件で認めてくれる信頼できる理解者であることを感じ，安心して飽きるまで遊び続けられたのである。このような人間関係がうまれるような雰囲気を，保育者がつくり出していくことも，大切なことばの環境になるのである。　　　（藪中）

6. 領域「言葉」における評価

(1) 領域「言葉」のねらいと評価

　保育の評価には，大きく分けて第三者評価と自己評価がある。第三者評価とは，その園の保育実践に直接かかわっていない第三者が客観的に評価する

ものである。園で行われている保育を公開し，保育者だけでは気づくことがむずかしい点を改善する役割をもっている。

 1-2「ようちえんにかえったら，えをかきたい！」（5歳児）

　5歳児の美術館見学。10人ずつ4グループに分かれ，各グループを保育者と美術館のサポーターが引率して館内を回った。ピカソの絵や大きな彫刻作品を見たり，作品を搬入するための巨大エレベーターに乗ったりした。美術館サポーターが「好きな絵はどれかな？」「何がかかれているかな？」と質問すると，「この絵が好き。色がきれいだから。」「ここにおつきさんが見える。」「どうしてさかさま？」などと話している。また，人物が横になった姿の大きな彫刻作品の前でサポーターが，「何をしているのかな？」「立つとどのくらいの高さかな？」と質問すると，「ねてるよ。」「かんがえてる。」「たったらせんせいとおなじくらい。」と答える。

　美術館見学が終わり幼稚園に帰るバスのなかで，誰からともなく「ようちえんにかえったら，えをかきたい。」と言い出した。幼稚園に帰ると，いつもはあまり絵をかきたがらない子どもも画用紙に向かい，2～3日前に見た虹の絵をかく子ども，バスの絵をかく子ども，保育室の壁に貼られている美術館の写真を見ながら，見てきた絵をかく子どももいた。

　美術館見学の前に，保護者に対して，美術館見学後の子どもたちの家庭での様子を教えてほしいとアンケート（無記名式）を配布し，幼稚園の玄関に回収ボックスを置いた。保護者からは，「『銅像がいまにも動き出しそうでびっくりした』と，話していました。いつもと違う刺激を受けて楽しんできたようです。」「『ほんものの絵は色がきれいだった。今度は家族で行きたい。もっと絵を見たい。』と話してくれました。今度また美術館へ行こうと話しています。」などの回答があり，「色や形への感性を豊かにする」「感じたことを自分なりに表現して楽しむ」という，本活動のねらいが達成されたことが，保護者による評価からも示された。

　このような第三者評価に対して，園の保育実践にかかわる保育者が自分た

ちの保育を振り返って評価をするのが自己評価である。自己評価の手がかりは，指導計画にある。指導計画で考えたことが子どもの育ちを支えるものになっていたか，もしなっていないなら，それはどこに問題があったかを考えていく必要がある。また，保育実践では臨機応変に一人一人の子どもの気持ちにそって計画を修正できただろうか，修正した結果はそれでよかっただろうかなど，評価の観点として，指導計画は重要である。

新幼稚園教育要領第1章総則「第4　指導計画の作成と幼児理解に基づいた評価」の「4　幼児理解に基づいた評価の実施」に評価について記された。

> 4　幼児理解に基づいた評価の実施
> 　幼児一人一人の発達の理解に基づいた評価の実施に当たっては，次の事項に配慮するものとする。
> (1)　指導の過程を振り返りながら幼児の理解を進め，幼児一人一人のよさや可能性などを把握し，指導の改善に生かすようにすること。その際，他の幼児との比較や一定の基準に対する達成度についての評定によって捉えるものではないことに留意すること。
> (2)　評価の妥当性や信頼性が高められるよう創意工夫を行い，組織的かつ計画的な取組を推進するとともに，次年度又は小学校等にその内容が適切に引き継がれるようにすること。

幼児教育・保育では，幼児理解に基づいた評価で，一人一人のよさや可能性を評価するというこれまでの考え方に，各領域のねらいや，「幼児期の終わりまでに育ってほしい姿」（10の姿）という新しい視点が加わった。それが一人一人の発達の理解に基づいた評価である。つまり，評価では子どもがどうであったかだけではなく，保育者とのかかわりや指導の過程を振り返ることが大切である。評価は子どもの達成度を測ったり，他の子どもと比較したりするためのものではなく，保育者自らの保育の振り返りをすることが指導の改善にもつながっていくのである。「幼児理解に基づいた評価」とは，本来主観的なものであるが，その主観を磨きながら，妥当性と信頼性を高めていくことが必要である。特に乳幼児期は，子ども一人一人の発達が異なるため，一人の子どもの発達として3歳児，4歳児，5歳児とどう伸びてきて

いるかをとらえる必要がある。また，自己評価では，子どもの育ちを評価するだけではなく，保育者の援助がその子どもにとって適切であるかが重要である。子どもの育ちの評価と保育者の保育の評価は，表裏一体の関係にあるのが，保育の自己評価のむずかしいところであり，やりがいを感じるところでもある

(2) 発達と評価の観点

では，具体的にことばの育ちについてどのような点に留意して評価をしていけばよいだろうか。まず，基本的なことばの発達についての見通しをもつことが必要であるが，それだけで評価しないことが大切である。

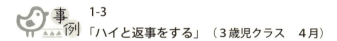

1-3
「ハイと返事をする」（3歳児クラス　4月）

　4月当初の朝の集まりのとき，名前を呼ぶと，「はぁーい」と顔を真っ赤にして大声を張りあげる子ども，声がほとんどでない子ども，恥ずかしそうに身体をくねらしている子ども，自分の名前を呼ばれると後ろを向いてしまう子どもなど，さまざまである。

「名前を呼ばれたら返事をする」ということは，相手の働きかけを受け止め，自分もそれにこたえようとしていることを表現している。したがって，「ハイ」とはっきり返事ができるようになることは望ましいことである。しかし，「ハイ」と返事をすることや，「声が小さいよ。」と大きな声で返事をすることを強要するなど，保育者があせることのないようにしたい。自分の名前が呼ばれると後ろを向くことも，その子どもなりの名前を呼ばれたときの返事である。このような姿を保育者は笑顔で受け止めていきたい。大切なことは，なぜそのような表現をするのか，子どもの内面的な心の動きをとらえることである。

事例 1-4 「お客さんに伝えるにはどうしよう」（5歳児　9月）

　A幼稚園では年長児が運動会の司会を行う。自分たちで担当する競技を決め，司会のことばも考える。るなちゃんとたみちゃんは年少組のダンスの担当になった。今日も2人でどんなことばにするか考えている。

るなちゃん：「先生，決まったよ。」
保育者：「よかったね，教えてくれる。」
るなちゃん：「これから，年少組さんのダンスを始めます。」
たみちゃん：「とてもかわいいです。見てください。」
保育者：「よく考えたね。かわいいダンスなのね。どんなところがかわいいか，お客さんにわかるようにするともっといいかな。あとね，ダンスの名前もあるといいね。」と応答した。

　るなちゃん，たみちゃんは「あっ！　そうだね。ダンスの名前，聞いてくる。」と言って年少組の保育室へ走って行った。2日後，るなちゃんとたみちゃんが「先生，考えたよ。」とやってきた。

るなちゃん：「ダンス見てきたの。おしりを振ってかわいかったよ。ウサギになってピョン，ピョンとんでた。」
たみちゃん：「たくさん動物が出てくるの。『動物カーニバル』っていう踊りなんだって。」と自分たちで調べてきたことを話した。
保育者：「いろいろ調べたね。では，お願いします。」
るなちゃん：「これから，年少組の動物カーニバルを始めます。」
たみちゃん：「ウサギや子ブタ，ゾウやリス，たくさんの動物が出てきます。」
るなちゃん：「ピョン，ピョンとんだり，おしりを振ったり，かわいい踊りです。」
たみちゃん：「たくさん拍手をしてください。」と昨日より，わかりやすいことばになっていた。

　この事例のねらいは，「観客に競技の内容をわかりやすく伝えること」，「自分たちのイメージをことばで表現すること」，「同じ司会の友だちと協力すること」である。保育者はねらいを達成するために，昨年度の運動会の年長児

の司会を思い出させ、2人の考えたことばを受け止めながらも、より表現が深まるようなことばをかけた。「よく考えたね。かわいいダンスなのね。」と共感してもらっていると子どもたちが思えるからこそ、その援助も命令ではなく、ことばをふくらませるものとして受け止められた。また、「どんなところがかわいいか」と子どもに考えさせるように委ねている。

この事例での子どもの評価を考えると、ほぼ達成できている。幼児の実態は保育者の援助が生み出していることを保育者は踏まえ、保育を振り返り、幼児の姿を継続的に評価していくことが大切である。

1-5
夏休みの経験を皆の前で話す （5歳児　9月）

　文章、イラスト、写真などで夏休みの思い出を記した「夏休み新聞」を家庭で作ってもらう。夏休み明けに「夏休み新聞」を見ながら幼児が思い出を話す機会をつくる。
　かずくんは「海に行って楽しかったです。」と言う。聞いていた幼児が「くらげ、いた？」と聞くと「いなかった。」と答える。保育者が「海で何をしたのかなぁ。」と聞く。「浮き輪で泳いだ。」とかずくんが話す。別の幼児が「海の水、冷たかった？」と聞くと「ちょっと冷たかった。」と答える。質問した幼児は「私（が海に行ったとき）も冷たかった。」と話す。
　次のたくくんは、緊張してなかなか話を始めない。保育者は「楽しいこといっぱいあったね。」などと新聞を一緒に見ながら話しかけ、気持ちをほぐしていく。しばらくして「水族館に行った。」とたくくんが小さな声で話す。保育者がにっこりして「そうか、水族館に行ったんだ。楽しかった？」と聞くと、たくくんはうれしそうにうなずいた。保育者は「水族館っていろいろな魚がいるんだよね。」と新聞の写真を指して、「この魚見たことある人？」と聞く。「ある。」「ない。」と答えが返ってくる。保育者は「きれいな魚だね。」とたくくんに話し、たくくんは「きれいだった。」と言う。

　この事例のねらいは、「夏休みの経験を皆の前でのびのびと話したり、友

だちの話を興味をもって聞いたりしてことばでのやり取りを楽しむ」である。保育者はねらいを達成するために，夏休み新聞を活用して話題のきっかけをつくり，個々に応じた援助をしている。かずくんに対しては話のイメージがより具体的になり，友だちとのやり取りが活発に行われるようにかかわった。たくくんに対しては緊張をほぐし，自ら話し始めるのを待ち，自分から話し始めたことばを受け止めるとともに，友だちとの間をつなぎ，やり取りの楽しさを感じられるよう援助した。

　この事例での個々の評価を考えると，かずくんはねらいをおおむね達成できた。たくくんについてはどうだろうか。たくくんは恥ずかしがりやで自分の思いを積極的に主張する方ではなく，人前で話すことに苦手意識がある。そのようなたくくんが人前に立ち，自分から話し始めたことを評価したい。たくくんなりにのびのびと話していたと，たくくんの成長を認めたいと思う。幼児理解に基づいた評価である。

　また，この事例は「幼児期の終わりまでに育てたい10の姿　（9）言葉による伝え合い」にある「経験や考えたことを言葉で伝えたり，相手の話を注意して聞いたりし，言葉での伝え合いを楽しむようになる」に向かう姿といえよう。

（金・藪中・玉瀬・大村・古川）

〈1章　引用・参考文献〉
厚生労働省（2016）「保育所保育指針の改定に関する議論のとりまとめ　（平成28年12月21日）」
とよたかずひこ（1997）『でんしゃにのって』アリス館
小澤德太郎（2006）『スウェーデンに学ぶ「持続可能な社会」（朝日選書792）』朝日新聞社
福沢周亮監修　藪中征代・星野美穂子（2008）『保育内容・言葉―乳幼児のことばを育む―』教育出版
文部科学省（2016）「幼児教育部会における審議のとりまとめ（平成28年8月26日）」

2章

子どもの発達とことば

1. ことばのもつ意義と機能

(1) ことばのもつ意義

　ことばと人間とはどんな関係にあるのだろうか。ラテン語には"homoloquens"ということばがある。訳すと「話す人」となる。つまり，ことばをもつこと，それこそが人間の本質であると主張する考え方である。ミツバチのダンスなど特定の身体表現や，イルカのように超音波を用いてコミュニケーションを行う動物もいる。しかし，これらによって伝達される情報はきわめて単純なものであり，複雑な感情をことばによって表現したり，文字を使用したりして後世にまで残る文書を記すなど，ことばを使用することは人間特有の能力であるといえる。

　生まれたばかりの赤ちゃんは，大人と同じ方法で意志の伝達を行うことはできない。まず，泣くことによって要求や感情を伝えようとする。赤ちゃんが泣くことで，養育者は「おなかがすいたのかな。」「おむつが濡れたのかな。」「抱っこしてほしいのかな。」など，声をかけながら，ときには試行錯誤を繰り返し，世話をする。そのうち，赤ちゃんは泣くと自分の意志が伝わることを学んでいく。この泣くという方法は，誕生後まもなく急速に発達していく。生後8週ほどから，おなかがすいたときにはこんな泣き方，おむつが濡れたときにはこんな泣き方，眠いときにはこんな泣き方のように要求に応じた分化した泣き方が見られるようになる。このころから，楽しい出来事や身近な人を見て笑うといった豊かな表情が現れ，首がすわり自由な身振りができるようになると（生後12週～16週），伝達能力は飛躍的に発達する。泣くこと，表情，身振りなどのあらゆる身体表現を使って自らの要求や感情を表現できるようになる。とはいっても，要求に応じて分化した泣き方をしたり，身体表現をうまく使うことができるようになるためには，身近な他者との円滑な相互作用が不可欠である。赤ちゃんをよく観察し，愛情のこもった世話やことばかけを行うことが，赤ちゃんのことばの準備や獲得に大変重要な役割を果たすのである。まわりの人々とのさまざまなかかわりによって，初めてのお誕生日を迎える頃には，これまで用いてきた身体表現とともにその社会集

団が使用していることばを使って他者とのコミュニケーションを行うようになる。

　冒頭でも示したとおり，ことばは人間に特有のものである。ことばを使用することによって，より広い人間関係をもつことができ，所属する社会集団の一員として社会生活を営むことができるようなる。では，もしことばを使用せずに，ある事柄を伝えようとしたなら，はたしてその内容はどの程度伝わるものだろうか。宮崎県の幸島に生息するニホンザルは，サツマイモを海水で洗い塩味をつけて食べるという知恵をもっているが，この行動が群れの大多数に伝播するまでには10年以上の歳月がかかったという（河合，1997）。サルはほかのサルが海水でイモを洗う姿に興味をもち，模倣してその行動を獲得している。もし，「海水でイモを洗うとおいしくなるよ。」と伝えられていたとすればこれだけの歳月はかからなかっただろう。ことばの使用は伝達を容易にするのである。

　また，ことばの使用は語彙が増えることで達成されていく。しかし乳幼児期には，語彙の増加と同時に，属する社会の文化に応じたコミュニケーション様式やルールなども獲得される。これらはすべて身近な大人のことばや行動，身体言語をもとに形成されていく。家庭内での楽しい会話が多い，外遊びで他者とふれ合う機会が多い，家族の人間関係が円滑である，などの環境にある子どもは，話し手の目をしっかりと見ており，語彙数が多く，その表情は明るく身振り手振りが大きい。一方，不満の多い環境に置かれた子どもは，全体的な語彙数も少なく，表情も暗いことがある。子どものことばは，訓練によって獲得されるものではない。他者とのあたたかいかかわりのなかで，ことばだけでなく，豊かな感情や表現をともなって獲得されることが重要である。周囲の大人の言語生活や社会的態度そのものがお手本となるのである。

(2) ことばのもつ機能

　ことばにはいろいろな働きがある。この働きを「ことばの機能」と呼ぶ。ことばはわたしたちの生活にどのような役割を果たしているだろうか。キャロルは，ことばの主な働きは「個人個人がお互いに伝達し合う反応のシステ

ムとしての機能(個人間伝達)」と「個人の思考や動作を容易にする反応のシステムとしての機能(個人内伝達)」の２点であるとした。前者は，他者とのコミュニケーションとしての手段，後者は個人内でのコミュニケーション，つまり思考の手段となるものである。どちらもコミュニケーションに主な働きがあるとしているが，ルリアは個人間伝達と個人内伝達だけでは不十分であるとして，さらに行動調節機能を加えている。では，これらをもう少し詳しくみてみよう。

1) 個人間伝達

　ある個人と他の個人が意思の疎通を行うことを個人間伝達という。人間は，聞く，話す，読む，書くといった方法を使って，他者とのコミュニケーションを行う。伝えられる内容は，知識や意味，感情などである。また，他者に対する指示や働きかけに使用されることもある。さらに，質の高いコミュニケーションのためには語彙を増やしたり，意味内容を伝えたりするだけでは不十分である。ことばを交わし合うこと自体がお互いの心を通わせるような働きのある「交話」，つまりあいさつや相づちなどがこれにあたる。

　ところで，個人間で行われるコミュニケーションは，ことばによるもの(言語的コミュニケーション)と，ことば以外の手段によって伝えられるもの(非言語的コミュニケーション)に分けられる。非言語的コミュニケーションには，表情・身振りなどの身体動作，体型などの身体特徴，身体接触のしかた，対人距離・化粧・服装・髪型など，多様な手段や内容が含まれる。私たちが他者の態度や感情を知ろうとするとき，あるいは他者の性格などを理解しようとするとき，ことばとともに非言語的コミュニケーションによって多くの情報を得ていることに気づくだろう。保育者は，子どもと多くの身体接触を行う。ことばで「おはよう。」と言うと同時に抱っこしたり，頭をなでたりすると，子どもはどのように感じるだろう。ことばで伝わることは「おはよう。」というあいさつのみである。しかし，抱っこや頭をなでるなどの身体接触(非言語的コミュニケーション)が付加されることで「先生はあなたが大好き」「今日も元気かな」など複数の肯定的な感情が伝わるだろう。一方で保育者としても子どもの体温や表情などから，体調や感情もわかりやすくなる。あるい

は，電車のなかで騒ぎ，靴のままシートに乗ろうとする子どもの様子を見て「静かにね，ここは座るところだから汚れたら次に座る人が困るのよ。」と，ことばは穏やかなものであっても，その表情から「絶対にダメ」というメッセージが送られた場合には，子どもは本当にいけないことだと理解する。このように，わたしたちは日頃からことば以外のメッセージを送りコミュニケーションを成立させている。こういった点からも，乳幼児期はことばの指導のみならず，それにともなう自らの感情や相手の気持ちの理解といったさまざまな認知の発達という観点からも発達援助が行われる必要がある。本当の気持ちを伝える，他者の気持ちを理解する際には態度や表情などさまざまな非言語的コミュニケーションが重要な手段となることを保育者自身が認識していくべきであろう。

2) 個人内伝達

　ことばの機能の2点目にあげられるのは，思考である。例えば文章を書く，数学の課題に取り組むなどのとき，頭のなかで，ことばを使って物事を考えていることに気づくであろう。このようにことばを使って考えることが個人内伝達（思考）である。ことばは思考の道具としての機能をもっているのである。とはいっても，ことばを獲得する以前の乳児や人間社会から離れて育った野生児などでは，思考はあってもことばが認められないわけであるし，ときにはことばを使わずに何かを考えることもあるかもしれない。しかしながら，人間社会において，いったんことばを獲得した後には，思考はことばを媒介として行われるようになり，徐々にことばと思考が一体化していくようになると考えてよいだろう。

　いったん獲得されたことばは，思考の道具として使用される。ことばは，知的活動の基盤であって，思考そのものを支えている。ある知識を獲得する際にも必要であるし，ある能力を形成するためにも不可欠である。乳幼児期までの豊かな経験から獲得したことばは，後に思考として学びの基盤となるのである。

3) 行動調節機能

　ことばの果たす役割は伝達だけではないとしてルリアが提唱したのが、行動調節機能である。これは自らの行動をことばによって調節するという考え方である。例えば、お母さんが子どもに「これがプーさんよ。」と言うと、子どもはプーさんのぬいぐるみを見る。お母さんが「お手てをたたいて。」と言うと、子どもは手をたたく。このようにお母さんのことばは子どもの行動を調節するのであるが、幼い子どもは母親など身近な大人のことばによる指示にしたがいながら次第に行動調節の方法を身につけていく。これが次第に内在化され、その後自分自身に命ずることばが、その子どもの行動を調節するようになるのである。やがて、声に出していたことばは音声化されずに思考へと変容していく。ヴィゴツキーは音声をともなう発話を「自己中心的スピーチ」と呼び、この「自己中心的スピーチ」の音声が消えていくにつれ、それが「内言」として成立すると考えた。

　これらをまとめると、ことばの機能には、まず、コミュニケーションがあげられる。わたしたちはことばや文字などによって意志や感情を伝え合い、理解し合っている。これは、人間関係を形成することにもつながっている。乳幼児期では、ことばによる伝え合いができるようになるための援助が必要である。また、ことばはいったん獲得されると思考の道具として使用されるため、語彙の多さや表現の豊かさは、論理的思考力や創造性の基盤となっていく。絵本や物語などの児童文化財を取り入れ、多様なことばやことばの美しさなどにふれる機会を設定することで、知的活動だけでなく、感受性や豊かな情緒を培うことにもつながっていくのである。

 2-1「ヒーローは泣かない」（3歳児　5月）

　幼稚園の園庭で、友だちとヒーローになりきって、戦いごっこを始めたゆうくん。友だちがだんだん本気になって蹴られてしまった。痛くて泣き出しそうなゆうくんだが、「泣くもんか。」「おれはレッドだ。」と言いながら、戦いごっこを続けていた。

この事例の男児は，泣かないために声に出して「泣くもんか。」と自分で自分を励ましている。このような行動調節機能が，次第に内在化され「泣くもんか。」と言わなくても，頭のなかで「泣かない」ように「思考する」手段となっていく。これが内言である。

（星野）

2. 子どものことばの発達

(1) 胎児期～新生児期

　誕生前から，子どもはすでに視覚，聴覚，味覚，嗅覚，触覚といったさまざまな感覚をもっている。なかでも聴覚は，妊娠20週を過ぎる頃には耳の内部の器官が形成され始め，24週になると母胎内外の音が聞こえるなど，早くから発達が進む。このことは，大きな物音に反応して動く胎児を母親が感じることからもわかる。また，知らない女性の声を聞いたときよりも自分の母親の声を聞いたときの方が，胎児の身体の動きが高まり心拍数が上がることなどから，声を聞き分けることは妊娠9か月の胎児であっても可能であることがわかっている。子どもが意味のあることばを話すようになるまで誕生から約1年かかるが，誕生する前の胎児期から，子どもはすでに音を聞く力，聞き分ける力をもっているのである。

　誕生してから約1か月までを新生児期と呼ぶ。

　生まれてすぐの新生児の機嫌がよいときに，向かい合った大人が口を開け閉めしたり舌を出し入れしたりすると，新生児が同様の動作をすることがある。これを共鳴動作という。また，大人から話しかけられると，発話のなかの音節のような音のリズムに協応して自分の身体を動かす相互同期性も新生児期から見られる。このような応答は人とのかかわりにおいて見られ，単なる音の連続などに対しては見られない。新生児は，人からの働きかけに対して特別に敏感な反応を示すのである。

　新生児はまだ話すことはできないが，新生児とかかわる大人は飽きることなく語りかけ，あやす。自分が働きかけても相手が何も反応しないのであれ

ば，このようなかかわりは長くは続かない。新生児は，身体を動かしたり，大人と同様の動きをしたりするなど，大人からの働きかけに対して反応し，大人に手応えを感じさせているのである。人は生まれたときから社会的な存在であるといえよう。

授乳のとき，新生児は哺乳と休止を繰り返すが，哺乳しているときには母親は新生児が飲みやすいように静かに見守り，哺乳を休止するとそっとゆすったりやさしく声をかけたりして働きかける。新生児もまた，母親が働きかけると哺乳を休止し，母親からの働きかけが止まると哺乳を始める。そこにはまるで対話のようなリズムが生まれており，このような情動的なかかわりを通して，母親は新生児と通じ合えた感覚をもつ。

ことばは，まず人とかかわり，その人に何かを伝えるために生まれる。人への敏感性をもって生まれた新生児と身近な大人との間で交わされる情動的やり取りが，それ以降のコミュニケーションとしてのことばの発達の基礎となる。あたたかい応答的環境のなかで，子どもは伝え合うことの意味を身体で感じていくのである。

事例 2-2
授乳後のやりとり　（新生児）

（授乳後，母親がかずくんを抱いている。）
母親：「かずく〜ん，気持ちいいねえ。」
かずくん：（少し目を開ける。）
母親：「そうなの〜，おなかいっぱいだもんね〜。」
かずくん：（目を閉じる。）
母親：「ねんねしたいのかな？」
母親：「ねんねしよっか。」

母親は，新生児に対してやわらかく少し高めの声でゆっくりと話しかけている。そして，それは母親からの一方向的な語りではない。子どもの気持ちの代弁をしたり語りかけたりしながら，母親は子どものために会話の枠組み

を提供し，その枠組みに誘いこみ，参加するしかたを教えているのである。新生児はまだ話せない（infant）存在であるが，このようにして，母親は生後すぐから子どもをコミュニケーションの世界に巻きこんでいく。

一方，音声としてのことばの始まりは「泣き」である。泣くことは，はじめは空腹や不快の解消のために，つまり欲求を伝えるために使われる。新生児期を過ぎると，子どもが発する音声は「泣き」以外のさまざまな音声に変化していく。

(2) 乳児期
1) 「泣き」から喃語へ

生まれてからしばらくは不快なときに泣くことによって欲求を伝えていた子どもは，1～2か月頃になると，よく眠った後や授乳後の機嫌のよいときに「クー」などの声を出すようになる。鳩の鳴き声（"coo"）に似ていることからクーイングと呼ばれる。この時期になると，視線が合いやすくなり，大人があやすと笑う「社会的微笑」が見られるようになるなど，子どもからの反応が多様になる。

生後2, 3か月を過ぎると子どもはさまざまな音を出すようになり，「アーアー」のようにことばらしい音声が現れる。まだ子音の要素が含まれていないことから，過渡的喃語と呼ばれる。そして，生後5～6か月を過ぎると，「ママ」「ババババ」のような各音節が子音と母音をあわせもつ喃語が現れる。これを規準喃語または反復喃語という。その後，生後9か月頃から，「バブバブ」のように，反復される子音と母音の要素が異なる多様喃語が出てくる。この時期に喃語としてよく出現していた音と初期の語に出てくる音には連続性がみられる。

 2-3
喃語 （7か月児）

(さえちゃんはカーペットの上に座り，母親と向かい合っている。母親は車のおもちゃを持って来てさえちゃんに見せている。)

> **母親**:「さえちゃん，あ〜そ〜ぼ。」
> **さえちゃん**:「ブー，ブー」(口から舌を出し，舌と唇の摩擦によって音を出している。)
> **母親**:「ね〜，そうだね〜，あそぼうね〜。」
> **さえちゃん**:「ブー，ブッブー」
> **母親**:「あら〜，そうなの〜。」

　この時期には，口を開けたり閉じたり，舌を出したり引いたりしながら，さまざまな母音，子音を発声することができるようになる。乳児は自分の口から発するさまざまな音に驚き楽しみながら，自分で発声器官をコントロールしている。いわば音を調律しているのである。音声のレパートリーが広がると，大人は子どもの発する音声がことばに近づいてきたように感じ，もっと発声させようと促す。このような大人からの働きかけが，子どもの喃語の発達にとって重要である。

　生後9〜10か月になると，誰かに話しかけるような，あるいは質問をするような音声のつながりを発することがある。ジャルゴンあるいは会話様喃語ともいわれる。音声パターンは大人が使用する語と似ているが，まわりの大人には意味がわからない音声を，あたかも意味のあることばのように発するのである。このようなとき，ことばが聞き取れないことを指摘したり注意したりすることなく，子どもがさまざまな音声を発するようになったことを喜び，会話の喜びを子どもが味わえるよう，「そうね。」「そうなんだ。」などと，反応を返すことが大切である。

2）　人とのかかわり

　このように，喃語期を過ぎると子どもはさまざまな音声を発して，ことばを発する準備が整いつつあるが，ことばらしき音声を発するだけではことばにならない。「何かを指す」ものとしてのことばの働きを理解することが必要である。そのための基盤となるのが，人とのかかわりである。なぜなら，ことばは伝えたいことがあり，伝えたい人がいて，その人と意味を共有でき

てこそ生まれるからである。
　おもちゃのボールを取ろうと手を伸ばすがどうしても届かないとき, 8, 9か月以前の子どもは, ボールの方に手を伸ばしながら声を出したり泣いたりする。しかし, 8, 9か月頃になると, おもちゃの方に手を伸ばしながら,「あれを取ってほしい」とでも言うように大人の方を見るようになる。これを, 三項関係の成立という。子どもがボールをつかんで遊ぶ, あるいは子どもが大人と笑顔を交わし合うという二項関係から, その関係を基礎として第3の対象にかかわることができるようになったことを示している。「ものを介して人とかかわる」「人を介してものとかかわる」ことができ, 自分と大人との関係のなかで, ボールについての共同の了解が成立する関係である。このような体験の共有を通して, 子どもは後にことばで表される意味の世界を他者と共有できるようになる。
　三項関係の成立と同時期に見られるのが, 指さしである。
　絵本を読んでいるときにページに描かれているうさぎの絵を指さすなど, 指さしは最初, 子どもが興味あるものに対して指をさすという状況で現れる。そのとき, 子どもに何かを伝える意図があるかどうかはわからないが, それを見た大人はその対象であるうさぎに注意を向け, 子どもの方を見たりうさぎを見たりして, うさぎへの注意を子どもと共有する。そして,「うさぎさん, かわいいね。」などのことばとともに感情体験も共有する。このような対象指示機能をもつ指さしが現れた後,「要求」「叙述」「質問」などの機能をもつ指さしが現れる。
　「要求」の指さしは原命令の指さしともいわれ, 自分の手が届かないところにある絵本を取ってほしいときに, その場所を指さす場合などをいう。「叙述」の指さしは, 例えば, 散歩の途中で見つけた花を指さし, 大人の注意をその花に向けさせようとするものであり,「質問」の指さしは, 初めて見た虫を指さし, それが何であるかを大人に説明させようとする場合に見られる指さしである。その後,「うさぎはどれ？」などと他者から聞かれた際に, 絵本に描かれているうさぎを指さして応える「応答」の指さしが現れる。

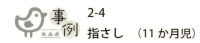
事例 2-4 指さし（11か月児）

　（みさちゃんはベビーカーに乗り，母親と一緒に公園に来た。花壇に咲いているパンジーの花を見ている。）
みさちゃん：（パンジーを指さして母親を見る。）
母親：「お花ね。お花咲いてるね。」と言ってみさちゃんを見て微笑む。
みさちゃん：（指さしを続けている。）
母親：「黄色いお花だね。今日のみさちゃんの服と同じ色だね。」と言ってみさちゃんを見て微笑む。
みさちゃん：（母親を見て微笑む。）

　子どもは指をさし，大人はことばを発しているが，そのやり取りはあたかも会話になっているかのようである。みさちゃんの指さしは，同じ場にいる母親とパンジーの花を共有しようとして出現した。このような指さしが現れると初語の出現が近いといわれる。これはどうしてであろうか。

　「（咲いている）花」が目の前になくても，「うちの庭にはながさいたよ。」など，「はな」ということばを使うことで意味を伝えることができる。ことばの特徴は，ことば（「はな」）とそれによって示されるもの（「（咲いている）花」）が明確に分化していることである。では，指さしはどうであろうか。指さしが出現するまでは，子どもは興味をもった対象（「（咲いている）花」）に直接にふれようとする。咲いている花に直接に指がふれているとき，指先と対象（「（咲いている）花」）は未分化である。しかし，指さしが現れることによって，指先と対象は分化する。

　「（咲いている）花」を「はな」ということばで指示するのが「ことば」。
　「（咲いている）花」を指先で指示するのが「指さし」。
　このように，指さしとことばはシンボルとしての機能をもつという点で共通している。指先を音声に置き換えるとことばになる。指さしと初語の獲得時期が近いのはこのためである。

3） ことばの発達を支えるもの

　乳幼児に話しかけるときに，大人は無意識のうちに大人同士や年長の子どもに話すときとは違う話し方をしている。やや高めの声で，ゆっくりとしたテンポで，抑揚を誇張して話し，語の間の休止が長い。また，文構造は単純で短く，同じ語の繰り返しや疑問形が多く，目の前で起こっていることを話題にするという特徴をもつ。そして，これらの特徴は子どもの言語発達の水準に合わせて調節される。乳幼児に対するこのような特徴的な話し方を CDS（child directed speech）といい，男性であっても女性であっても，また，日本以外の国にも多く見られる。

　このような話し方は，ことばを獲得しようとしている乳児や幼児にとって，ことばに注意を向け，ことばを聞き取り，ことばの意味や統語的規則を発見するための有効な手がかりとなる。大人からのこのような支援を受けて，理解語が増え，さまざまな音を発声できるようになった子どもは，1歳前後になると初めての意味のあることばである初語を発する。

(3) 幼児前期
1） 初語から一語文へ

　ことばの発達は理解語と表出語の2つの側面からとらえることができる。「ボールをちょうだい。」と言われると持っているボールを渡すなどの要求の理解は，11か月を過ぎる頃には可能となる。1歳半を過ぎれば，「目はどれ？」「鼻はどれ？」などの質問の意味を理解して指さしで答えるようになる。

　一方，表出に関しては，1歳から1歳半くらいの間に初めて意味のあることばを発するようになる。これを初語と呼ぶ。ある発話が喃語ではなく，ことばとして用いられているかどうかの判断はむずかしいが，大人は子どもの発した音声が特定のものの名称に似ていると判断するとそれに対して肯定的な反応を返し，子どもが再びその音声を発するよう促す。大人からのこのようなかかわりが，子どものことばの獲得を促すのである。

　初語は食べ物，動物，親の呼び名など，子どもの関心が高いもの，子どもの生活において接したり，働きかけたりすることが多いものがその対象となる。また，「ママ」「パパ」「ブーブ」など，口腔の前の方で発する音（m, p, b, d, t, n）が使用されやすい。

　子どもは初めから大人と同じ意味でことばを使用するのではない。例えば，「ワンワン」を犬だけでなく馬やキリンのような動物にまで過度に拡張して使用したり（過度拡張），自分の家にいる犬にだけ「ワンワン」を使用したりする（過度制限）。このように意味の幅を広げたりせばめたりしながら，子どもは，次第に自分が生活する社会で慣用されていることばの意味をつかんでいくのである。

　ところで，りんごを見て子どもが「マンマ」と発したとき，「マンマ」という一語発話は，本来の文構造である主部と述部を備えたものではない。しかし，「マンマ（りんご）がほしい。」「あれは大好きなマンマ（りんご）だ。」「お兄ちゃんがマンマ（りんご）を食べている。」など，その意味は1つの文に相当するととらえ，一語文と呼ばれることもある。

 2-5 一語文　（1歳児）

> （こうくんが母親と一緒に絵本を見ている。こうくんは絵本のなかの自動車を指さす。）
> **こうくん**：「ブッブー」
> **母親**：「ブッブー，ほんとだね，ブッブーだね。赤いブッブーだね。」
> **こうくん**：「ブッブー」
> **母親**：「ねえ，ブッブーだね。お父さんのブッブーとおんなじだね。かっこいいねえ。今度またお父さんのブッブーに乗っておでかけしようね。」

　母親は，絵本のなかに大好きな自動車を見つけた子どものうれしさに共感し，発したことばを繰り返すとともに，子どもが表現したかったことを想像して子どものイメージを広げることばを添えている（拡張模倣）。このように，大人は，一語にこめられた子どもの思いを理解し，子どもの話したい気持ち，興味の対象を母親と共有したい気持ちをくみ取ってことばを返すことが重要であろう。それによって，子どもは通じ合える喜びを感じながら，ことばの

意味を獲得していく。

2) 二語文，多語文へ

　初語が出現してからしばらくの間は，語彙の増加はゆっくりと進むが，1歳半頃に50語ほどが獲得されると語彙量は急に増加する。この時期を語彙の爆発期と呼ぶ。そして，同じ頃に，「パパ　くっく」（お父さんの靴），「ブーブ　きた」（車が来た）のような，助詞や助動詞などを含まない二語発話が現れる。二語文ともいわれる。二語文の出現は，自分の思いを表現するには語彙をどのように組み立てていけばいいかという，ことばで表現するための枠組みを獲得し始めたことを示している。また，「今日」「昨日」の違いがわかるようになるので，目の前の事象だけでなく，「パパ　かいしゃ」（お父さんは会社へ行った）などの過去の出来事を表現するなど，表現内容がより広くなる。

　二語文の時期を過ぎ，2歳頃になると，「パパ　かいしゃ　いった」など3語以上から成る多語文が現れ，その後，「が」「を」「に」などの格助詞の使用が始まる。話したいことがあり話したい気持ちにあふれているのにことばがなかなかみつからず，同じことばを何度も繰り返したり，「えっとね，えっとね」とことばにつまったりすることがある。そのようなときには，「そうなの，そんなことがあったのね。それからどうなったんだろうね。」などと，先取りや代弁をしないで，子どもが安心して話せるようにゆっくり聞くことが大切である。

3) 会話の始まり

　2歳頃になり，語彙が増えて，ことばを組み立てて自分が経験したことを話せるようになると，自分の思いを伝えることの楽しさ，伝えると相手からことばが返ってくるおもしろさを感じるようになる。

事例 2-6 「どうして～？」（年少児　10月）

　年少組は毎月席替えをしている。朝，保育室に入って，床に貼ってある新しいシールを見たゆうたくんは，「もう知ってるもんね～。」と保育者に言う。「何のこと～？」保育者が聞くと，「これに決まってるでしょ。」と前の日とは違った場所に貼ってある自分の名前のシールを得意げに指さした。「前にぼくが座っていたところはまみちゃんが座るんだね。」と保育者に話していると，なおちゃんが「どうして～？」と聞いてきた。教師は「お席が変わったんだよ。新しい席で友だちとお話したり，おとなりで絵本を見たりできてうれしいよね。」と伝えた。するとなおちゃんは「どこ～。」と今度は自分の席を探し始めた。

　2歳頃になり，物に名前をあることがわかると，子どもは「これ，なあに？」と質問を次々に投げかけてくるようになり（第一質問期），その数か月後には「どうして？」「なぜ？」と問う第二質問期が現れる。この時期の子どもは，質問をすることによって正確な知識を得たいというよりも，相手に何かを答えてもらい，会話をしたいのである。事例「どうして～？」のなおちゃんも，席替えをする理由が知りたかったというよりも，保育者とゆうたくんとの会話に入りたかったのであろう。大人が面倒がらずに繰り返し答えることで，子どもは答えてもらえる楽しさ，相手の発話を引き出せるおもしろさを感じ，大人との信頼関係も深まる。

事例 2-7 「かわりやすい」（年少児　10月）

　ゆりちゃんの幼稚園では，子ども一人一人に目印となる絵が決まっていて，持ち物にはその絵のシールが貼られている。ゆりちゃんの目印は「ちゅーりっぷ」である。

ゆりちゃん：（母親に自分のシールを見せながら）「ゆりちゃんはちゅーりっぷシールで，まさきくんはおふねシールで，なおちゃんはさくらんぼシールな

んだよ。」
母親:「ふーん, だから, 幼稚園でかばんを入れるところにもちゅーりっぷシールが貼ってあるのね。」
ゆりちゃん:「うん, おかばんを入れるところにね, シールがあるとね, かわりやすい。」
母親:「そうね, シールがあるとわかりやすいね。」
ゆりちゃん:「うん。」

　ゆりちゃんは,「シールが貼ってあると誰のものかが『わかりやすい』」と幼稚園で保育者が話すのを聞いたのであろう。その意味はよくわかっておらず, 聞きかじりのことばを間違いながらも使っている。大人は, 言い間違いをとがめず, 正しいことばを返しながら, ことばで説明しようとしてくれたことがうれしいという気持ちで接することが大切である。

　表出語彙については, めやすとして, 2歳で200〜300語, 3歳で1000語, 4歳までに1500語, 5歳までに2000〜2500語程度みられる。最初に出現するのは名詞が多く, 次いで動詞が現れる。その後, 形容詞, 副詞, 助詞など, あらゆる品詞が現れるのは2歳頃であるが, 語や文をつなぐ接続詞の出現は遅い。

事例 2-8 「どうしてたたいちゃったの？」（年少児　10月）

　(まきちゃんとなおちゃんがテープの取り合いをして, まきちゃんがなおちゃんをたたいた。)
保育者:「どうしてなおちゃんをたたいてしまったの？」
まきちゃん:「まきちゃんが〜, 使っていて〜, そして〜, なおちゃんが来て, そして〜, テープを取っていっちゃったから〜, そしてたたいた。」

事例 2-9 「鬼ごっこしたもんね」（年少児　9月）

（帰りの準備を始める時間になったので保育者がクラス全体に声をかけている。）
保育者：「そろそろお片づけですよ〜。」
さやかちゃん：「でも，まゆみ先生と鬼ごっこしたもんね。」（さやかちゃんが保育者のところに寄って来て言う。）
保育者：「鬼ごっこ楽しかった？」
さやかちゃん：（うなずく。）
保育者：「よかったね。じゃあ，お片づけしようね〜。」（保育室でまた子どもたち全体に声をかける。）
さやかちゃん：「でも，まゆみ先生と玄関でやったの。」

　3歳頃になると，会話のなかに接続詞が出現するようになる。事例「どうしてたいちゃったの？」では，記憶をたどりながら話すときに「そして」という接続詞が使われている。一方，事例「鬼ごっこしたもんね」では，「でも」が使用されているが，相反する事柄を述べるという意味を表す接続詞の働きはもっていない。

　このように，文をつなぐことばとして接続詞を論理的に使用することは3歳児にはまだむずかしく，話しことばのなかの接続詞は「自分の話を聞いてほしい」「自分が感じ考えたことを言いたい」という自己主張のサインとして使用されることが多い。

事例 2-10 「りぼんやさん」（年少児　8月）

　帰りの支度をしながらまりなちゃんが保育者に話している。
まりなちゃん：「きょうね，あみちゃんと遊んだの。」
保育者：「そうなの。何して遊んだの？」

まりなちゃん:「うーんとね，りぼんやさん。」
保育者:「あみちゃんとりぼんやさんしたんだ。ふ〜ん。」
まりなちゃん:「うーんとね，ふうかちゃんもいたよ。」
保育者:「そう，あみちゃんとふうかちゃんと一緒にりぼんやさんしたのね。」
まりなちゃん:「りぼんやさんね，たのしかったよ。」
保育者:「よかったねえ。こんどせんせいも入れてね。」

 事例 2-11
「てっぽう」（年少児　10月）

（あつしくんが廊下をキョロキョロ見まわり，何かを探している様子である。）
保育者:「何探してるの？」
あつしくん:「ぼくのてっぽう知らない？」
保育者:「ブロックで作ったの？」
あつしくん:「違う。」（あたりをキョロキョロ探している。）
保育者:「つつで作ったの？」
あつしくん:「違う。トイレットペーパーの芯。」
保育者:「あ，これかな？」（ワゴンの上に置いてあるてっぽうを指さすと，あつしくんはうれしそうにそれを取る。）
保育者:「トイレットペーパーの芯って教えてくれたから，先生どれかわかったよ。」

　子ども同士の会話は続かないが，大人となら会話が続くようになる。事例「りぼんやさん」では，保育者は子どものその日の楽しい経験に共感し，楽しかったことを思い出して自分で言えたことを認めている。そして，子どもの意図をくみながら，決して先回りすることなくていねいに話を聞き，「いつ」「何を」「誰と」と表現が豊かになるように援助している。保育者の話し方がモデルになって，子どもは相手にわかるように話すことが少しずつできるようになっていく。

事例「てっぽう」では，保育者は，子どもの言い足りない発話を引き出し，ことばを足して説明することで相手に伝わることに子どもが気づくよう援助している。このような大人からの援助を通して，子どもはどのように話せばいいのかを学び，自分が言いたいことが伝わった喜びを味わう。

(4) 幼児後期
1) 会話の発達

4歳になると語彙が増え，生活に必要なことばはほぼ使えるようになるとともに，時間の流れに沿って自分の経験や考えを説明することができるようになる。ことばによる思考が育っているのである。

事例 2-12 「こてい」（年長児）

> 年長児のもとはるくんは，年少児のふみくんにお面の作り方を説明している。
> もとはるくんは「セロテープで〜，こうやって，輪ゴムを『こてい』するんだよ。」と言いながら，お面の形に切った画用紙の端に輪ゴムをあて，上からセロテープを貼っている。ふみくんは，もとはるくんのやり方を熱心に見て，同じように輪ゴムを画用紙に「固定」しようとしていた。その様子をずっと見ていた年長児のりょうたくんが「『こてい』って，なに？」ともとはるくんに向かって聞いた。もとはるくんは手を止め，りょうたくんをちらっと見たが，何も言わずに活動を続けた。しばらくその様子を見ていた保育者が「『こてい』は，ものが動かないように，しっかりくっつけることだよ。」とりょうたくんに言うと，りょうたくんは納得したような表情をして，その場を離れた。

3歳頃までは自分の経験と結びつけながらことばを獲得していたが，4歳になると自分の知らないむずかしいことばを記憶し，自分なりにそのことばのイメージを描いて使用するようになる。大人は，子どもが意味をよく知らないままにことばを使用していることをとがめず，むずかしいことばを冒険的に使用していることや，ことばへの興味の高まりを認め，そのことばの真

の意味を推測しやすいように手がかりを与えることが必要である。

　また，この時期になると自分のもっている知識をもとに質問をしてくることが多くなる。「ダンゴムシはなんで丸くなるの？」「雨はなんで降るの？」など，さまざまな事象に関して幼児が質問してきた場合には，疑問をもったことをまず認めるとともに，すぐに答えを与えず，「どうしてかな？」「どうしてだと思う？」と自分で考えることを促すことも大事であろう。そして，子どもなりの考えを聞き，考えたこと自体を認め，子どもと一緒に考えたり，ときには子どもと一緒に調べてみたりするのもよいのではないだろうか。「自分で考えてみることは楽しい」と思えることは，身近な環境に主体的にかかわり，物事をいろいろな面からとらえることができるようになるための基盤であり，思考力の芽生えにつながる。

事例 2-13 「おったらいっしょにあそべたけど」（年長児　12月）

　保育者は「今日の楽しかったことは何ですか？」とクラス全体に問いかけ，発言したい幼児が何人か手をあげた。保育者が「りょうこちゃん，どうぞ。」と言うと，りょうこちゃんが話し出した。「あのね，きょう，なおちゃんとさやかちゃんとね，おうちごっこしたのが楽しかったけど，まみちゃんがおらんかったから。まみちゃんがおったら一緒に遊べたけど，おらんき，ちょっといややったけど，でもなおちゃんといっぱい遊んだし，よかった。」

　事例のりょうこちゃんは，幼稚園を休んでいる友だちのことを思い，一緒に遊べなかったさみしさを感じながらも他の友だちと遊べた楽しさを話すことができている。4歳を過ぎると，「過去」「現在」「未来」の区別ができ，「もし～なら」という仮定形のことばも使えるようになる。

2-14
「ここは危ないから」（年長児　9月）

　年長児のふみくんは，はるきくんやけいくんと保育室前にあるタイヤのアスレチックで遊んでいる。そこに，年少児のだいちくんが寄って来て，タイヤのすぐ近くでふみくんたちの遊びを見ていた。ふみくんがだいちくんに「これやる？」と聞くと，だいちくんは黙ってうなずく。ふみくんは一緒に遊んでいるはるきくんに，「やらせちゃって」と声をかけて，だいちくんに「ここは危ないから，こっちに来てね。」と，タイヤから少し離れた場所に立つように言い，だいちくんを遊びの順番に入れてやった。

　4歳を過ぎると，同年齢の友だちと話すときとは違い，自分より年少の子どもに対してかがんで目を見つめながらやさしくゆっくり話しかけたり，「どうしたの〜？」と語尾を上げて問いかけるように話したりするようになる。相手に応じて話し方を調節することができるようになるのである。
　このように，幼児後期になると，語彙が増え，自分の伝えたいことをことばで構成する力が高まり，伝える相手や状況に応じて表現のしかたを変えることもできるようになってくる。保育者と対話を重ねながら，誰かに伝えたくなるような心を動かされる体験や，伝え合うことでよりおもしろくなるような遊びを通して，幼児はことばによる伝え合いを楽しむようになる。

2）考える道具としてのことば

　私たちは，知り合いにあいさつをするときや旅先で道をたずねるときなど，他者とコミュニケーションをとる際に，声に出して話す。一方，試験を受けているときや夕食のメニューを考えたりする際には，声に出さずに頭のなかでことばを用いている。このように，ことばには，「音声をともなうことば」（外言）と「音声をともなわないことば」（内言）の2つがある。この2つのことばはどちらが先に獲得されるのであろうか。
　ピアジェは，頭のなかで思考するためのことばが先に獲得された後で，他者に伝達するためのことばが使えるようになると考えた。つまり，内言から

外言への発達を主張した。その証拠としてピアジェがあげたのは自己中心的スピーチであった。

　公園の砂場などで遊んでいる子どもが，近くにいる他児に向けてではなく独り言をいいながら砂遊びを続けていることがある。このような独り言は3歳児に多く見られ，4歳以降には減少する。ピアジェは，他者とのコミュニケーションを目的としないこのような発話を，子どもの自己中心性から発生したものとし，自己中心的スピーチと呼んだ。そして，内言から外言への移行期に現れるものであると主張した。

　一方，ヴィゴツキーは，乳幼児期の子どもは他者とコミュニケーションするうちにはじめに外言を身につけ，その後に，ことばを思考のための道具として頭のなかで使えるようになると考えた。外言から内言への発達を主張したのである。そして，自己中心的スピーチについては，外言から内言への発達の途中形態であるととらえた。

　現在はヴィゴツキーの考え方が支持され，自己中心的スピーチはプライベート・スピーチと呼ばれている。ことばは本来社会的なものであり，まずは他者とのかかわりのなかで用いられるが，5歳後半を過ぎるとことばは内面化され，考える道具として働くようになる。

3) 行動を調節するためのことば

　ことばには，「伝達」と「思考」のほかに，「自分の行動を調節する」という働きもある。「赤いランプがついたらバルブを押す」「緑のランプがついたらバルブを押さない」というルールをもった課題を遂行する際に，「押せ」あるいは「押すな」という自分自身に対する命令が効果をもつのは何歳くらいであろうか。このような課題を与えられた2歳児は，ランプがつくのを待てずに衝動的にバルブを押してしまう。3〜4歳児は，大人に指示されるとそれに合わせて行動できるが，自分で命令する場合には，「押すな」と言いながら間違えてバルブを押してしまう。ことばで自分の行動を調節することができないのである。自分へのことばの命令が効果をもつのは4歳半以降である。そして，5〜6歳になると内言（自分のなかのことば）が発達し，内言で自分の行動を調節できるようになる。

2-15 「すっきりしたら行く」（年長児　10月）

　りょうこちゃんは，廊下のベンチの上にうつ伏せに寝て両手で顔を覆って泣いている。なおこちゃんとわかなちゃんがりょうこちゃんに懸命に話しかけていたが，りょうこちゃんはそれにこたえない。
　ゆりこ先生が「どうしたの？」と聞くと，りょうこちゃんは「遊んでいる最中に，仲よしのなおこちゃんとわかなちゃんが自分から逃げていく。」と言う。なおこちゃんは「家族ごっこのときに，りょうこちゃんが赤ちゃんになったり，お姉ちゃんになったりして，役をコロコロ変えるから嫌やった。なんて呼んでいいかわからんなる。やめてって言っても話を聞いてくれなかったから，嫌になって逃げた。」と説明した。ゆりこ先生が話を聞いているうちにりょうこちゃんは泣きやんだが起き上がらず，なおこちゃんとわかなちゃんは変わらずりょうこちゃんに懸命に話しかけている。ゆりこ先生が「みんなの気持ちはりょうこちゃんに伝わったと思うよ。りょうこちゃん，元気になったらお部屋に帰ってこれる？」と聞くとりょうこちゃんがうなずいたので，なおこちゃん，わかなちゃん，ゆりこ先生はその場を離れた。しばらくして，はるな先生が廊下を通りかかると，りょうこちゃんはベンチの上に横向きに寝そべており，はるな先生と目が合うと自分から「すっきりしたら行く。」と言った。事情がわからないはるな先生が「そうね。」とだけ答え，りょうこちゃんの背中をさすった。その後，りょうこちゃんはゆっくりと起き上がり，みどり組の保育室へ入って行った。

　はるな先生はりょうこちゃんが他児から遊びを拒否されて泣いた場面にいなかった。りょうこちゃんの「すっきりしたら行く。」ということばははるな先生に対して発してはいるが，自分自身に向けたことばであろう。気持ちはおさまっても，友だちから話しかけられ続けることで引っこみがつかず，立ち直るきっかけがつかめなかったりょうこちゃんは，このことばを発することで自分を奮い立たせ，保育室に戻るという行動を起こすことができた。5〜6歳になると内言も発達してくるが，りょうこちゃんは外言で自分の行

動を調節している。

4） ことばの自覚化

　初めて聞く外国語を耳にしたとき，大人であっても単語の切れ目がわからないように，声に出された「りんご」ということばを，子どもははじめ１つの音声のかたまりとして認識している。「りんご」ということばを思考の対象とするには，「りんご」という単語が「り」「ん」「ご」の３つの音節から成っていることがわかること（音節分解），「りんご」の最初の音節が「り」，最後の音節が「ご」，真んなかの音節が「ん」であるというように，音を取り出せること（音韻抽出）が必要である。このように，音節分解と音韻抽出から成る，音韻に対する自覚的な認識のことを音韻意識という。５，６歳頃になると，それまで自分の思いを伝えるための道具であったことばを，思考の対象とするようになる。ことばの自覚化が始まるのである。

2-16
しりとり　（年長児　11月）

　降園準備が終わった６人の子どもたちがしりとりを始めた。
　Ａが「すー，すいか。」，次にＢが「かー，は，えっと，んー，かるた」。次の番のＣが「"た" は "だ" でもいいよね？」と言うと，Ａ，Ｂ，Ｄが顔を見合わせうなずいたので，Ｃは「ダンゴムシ」と言う。その後，Ｄが「シマウマ」，Ｅが「マントヒヒ」，Ｆが「ひろびろ（広々）」と言う。２回目の順番が回ってきたＡは「ろー，ろー，……」と考え始める。Ｄが教えようとすると，Ａは「言わんとって。」とさえぎり，Ｃは「自分で考えんといかんよね。」と言う。しばらく考えていたＡが「ロケット」と言い，ほっとしたように笑う。その後，Ｂが「とー，は，トンボ」，Ｃが「ボールペン」と言うと，Ｄは「んー」と考え始めたが，「あ，"ん" ついちゅうき負けや。」と「ん」で終わっていることに気がついた。

　５歳を過ぎると，ことばの最後の音節を取り出し，その音節がはじめにく

るこ とばを探してつないでいくという「しりとり」のルールを理解できている。そして、ルール違反になっていないか他児に確認しながら、ルールを意識して遊べている。名詞とそれ以外の品詞との区別は十分ではないが、日常生活であまり使用しないであろう専門的なことばを知っている幼児や、濁点のついている文字とついていない文字との関連性を理解できている幼児もいる。このように、しりとり遊びは、「自分で考える」ことを楽しみながら音韻意識の発達を促す遊びである。

このほかにも、「トマト」や「キツツキ」などの「さかさことば」を見つける遊びや、「あ」のつくことばを集める遊び、じゃんけんをして「パー」で勝つと「パ・イ・ナッ・プ・ル」と言いながら6歩進む遊びなどがある。このような遊びを通して、子どもは、それまでは自分の気持ちを表現する手段として使用していたことばを、それ自体として自覚し、ことばの響きやリズムのおもしろさに気づき、ことばへの関心を高めていく。また、このような音韻意識は就学後のかな文字の読み書きの基礎となる。

このように、幼児後期を通して、子どもたちは、ことばを用いて友だちと互いの思いや気持ちを伝え合ったり、生活のなかで出合うさまざまな事象について考えをめぐらせたり、自分の行動を調節したりできるようになってくる。また、ことばそれ自体のおもしろさに気づき、ことばへの感性が高まる。そして、そのような力を基礎にして、小学校での生活においては、友だちと互いの思いや考えを認め合い、ともに考え、自己を発揮したり抑制したりしながら人間関係を築くとともに、ことばに対する感覚がより豊かなものとなり、状況に応じた適切な表現ができるようになっていく。

(5) 児童期以降

幼児期には、「うさぎ」や「ちゅーりっぷ」などのことばの意味を、目の前の具体的な文脈のなかでとらえていた子どもたちは、小学校に入ると、「れんぞく」や「けんやく」などの抽象的なことばの意味を理解して使えるようになり、構文も複雑化する。

また、児童期はことばの理解や産出に関して自覚する力が高まる。これを、メタ言語能力という。メタ言語能力には、ことばの言い誤りに気づき修正す

るなどのモニタリングの側面と，ことばのさまざまな特徴に関して自覚的知識をもつという側面がある。より適切な表現を探すうえで生じる言いよどみや言い換え，あるいはしりとり遊びなど，ことばの自覚化の芽生えは幼児期にもみられるが，児童期に入るとめざましく発達する。

　そして，幼児期と児童期以降では，用いることばに質的な違いがみられる。動物園で幼児が母親とともに見ているライオンについて，「大きいね。」「ほんとだね。」とことばを交わし合う。「あのライオンは」という主部がなくても，コミュニケーションは成立する。そのことばの背景となる状況の文脈を共有しているからである。このように，ことばの文脈としては不完全でも，親しい相手と共有する場面の文脈に基づいて，対面対話でのことばのやりとり関係のなかで展開していくことばを「一次的ことば」という（岡本，1985）。

　一方，小学校に入ると，教室の前に出てクラス全体に向かって自分の意見を発表する場合のように，話し手が不特定多数の聞き手に向けて発話を展開するといった活動が行われる。話し手は，状況の文脈に頼らず，ことばの文脈だけをたよりにメッセージを構成しなければならない。このような，学校で主として使用される，話し手が聞き手に向けて一方向的に展開していくことばを「二次的ことば」という。

　なお，一次的ことばは話しことばであるが，二次的ことばには話しことばと書きことばが含まれる。

　子どもははじめ，大人からの共感的なことばかけなど，話しことば中心の生活のなかで一次的ことばを身につける。その後小学校に入ると，クラス全体に語りかける教師のことばや教科書に書かれたことばのような二次的ことばの意味を，ことばの文脈だけで理解することが必要となる。そして，やがてその二次的ことばを使って論理的，抽象的な思考を展開し，筋道立てて話し，書くことが求められるようになるのである。

　二次的ことばが発達するにともない，一次的ことばは消えていくのではなく，この2つのことばは互いに影響を及ぼし合いながら併存し，発展していく。二次的話しことばが基礎となって書きことばが生まれ，書きことばが二次的話しことばを豊かにする。親しみをこめた一次的話しことばと，かしこ

まった二次的話しことばを状況によってうまく使い分けながら、コミュニケーション手段としてのことばが洗練されていく。二次的ことばの発達が一次的ことばをより広げていくのである。

　保育の場において、一次的ことばと二次的ことばをつなぐ活動としては、生活発表会などで、保育者が子どものことばを「みんな」に伝わることばに言い換えることによって二次的ことばのモデルを示す場合があげられる。また、お手紙ごっこや絵本の読み聞かせなども、子どもに二次的ことばに気づかせる活動である。

　手紙は、親しい人に向けて書かれたものであっても、二次的ことばの性質をもった書きことばである。友だちに思いを伝える場合でも、向かい合ってことばを交わすときとは違うことばを探さなくてはならない。そのような活動を通して、子どもは、さまざまな伝え合い方があることを知り、その違いを楽しむ。また、絵本や物語のなかのことばは、普段、保育者が自分に語りかけてくれることばとは質の違うことばである。日常の話しことばでは、論理的な意味で使用されないこともある接続詞が、「前後の語や文をつなぐ」という本来の機能をもって使用されているなど、絵本や物語のなかのことばは、生活のなかでは省略されることが多い品詞を含み、構文構造が整っている。このようなことばに接することは、児童期以降に発達する論理的思考の手段としてのことばの基礎を培ううえでも重要である。
　　　　　　　　　　　　　　　　　　　　　　　　　　　　（玉瀬）

3. ことばの発達と人とのかかわり

　子どもは、人々がことばを交わし合い、語り合うそのなかに生まれ、周囲の人々から投げかけられることばのなかで育つ。ただし、子どもは、外なる刺激としてのことばをそのまま機械的に写し取っていくのではなく、親や保育者、仲間のことばを選択的に取り入れ、自分のことばとして表現していく。ここでは、子どもが生活のなかで身近な人々とのかかわりを通して、ことばを自分のものとして獲得していく過程についてみていく。

(1) 大人とのかかわり
1) 大人との対話

　定型的に発達する赤ちゃんは，人生を対話で始める (Reddy, V., 2008)。その対話の形態は，生後まもなくの新生児であれば眼前の他者の顔の動き（例えば，舌出し，口の開け閉めなど）に共鳴して同じ動作でこたえたり，語りかけられたスピーチの音節によく同調したリズムで体を動かしたり，大人の抱きに身体を添わせる，といった素朴なものであるが，赤ちゃんは他者との情動的に一体化した結びつきに参加しながら他者に応答することを経験している。また，大人の方も，いとおしく思う感情を率直に赤ちゃんに向けながら，あくびをすれば「眠いねぇ，おねんねしましょうね。」と，くしゃみをすれば「あらあら寒いね，あったかくしようね。」と応答する。ことばのやり取り以前に，情緒の交わし合い，経験の分かち合いがあり，それを下地としてことばは誕生してくる。

　赤ちゃんが喃語を話すようになると，他者との対話の交換は一層強固なものになる。大人は赤ちゃんの喃語（例えば，「マ・ン・マ」）を受け止め，そして完成させる（例えば，「マンマの時間ね。」「マンマおいしいね。」「マンマ，もっとほしいね。」）。赤ちゃんを相手にするとき，大人はこのような即興的で会話的な意味づくりを無意識のうちに行っている（ホルツマン，2014, p.142）。そのため赤ちゃんは，驚くほど早い段階で他者との対話に入っていくことができるのである。そのような日常生活の相互作用のなかで，やがて赤ちゃんは他者のことばを自らに招き入れ，かたことの創造的模倣を開始する。第三者からすれば偶発的な発声や応答にすぎないと思われる場合でも，ことばらしき音声発話は，赤ちゃんと会話する周囲の大人に特別の喜びを与え，さらなる言語的な働きかけを生み出していく。前出のホルツマンが言うように，大人たちは，子どもが「自然に」できることをはるかに超えて，話し相手，通じ合える相手，考える人，意味をつくり出す者であるかのように話しかけ，子どものことばを「完成」させて「会話」が続いていく。

　事例2-17は，1歳児の保育園での様子を担当保育者が家庭との連絡帳に記入したものである。わずか約4センチ四方の枠のなかに，この保育者が子どもの話しことばだけでなく，視線，表情，身振りなどの非言語行動をてい

ねいにとらえながら対話していることがわかる。

事例 2-17
「おっきい，おっきい」（1歳9か月児）

10月のある日に，堤防に行って来ました。「おっきい，おっきい。」と知らせに来ます。見ると石狩川。「大きいね。」と一緒に眺めました。その後は，虫を見つけたり，力いっぱい走ったりしています。途中，見つけた楓(かえで)の種子を飛ばすと，ヘリコプターのようにクルクルと回りながら落ちていきます。それを楽しそうに追いかけていました。

1歳後半の子どもが「大きさ」の関係概念を獲得して，何かに対して石狩川を「大きい」と認識して訴えたのかどうかはわからないが，雄大な川の流れに驚き，興奮していることを大好きな先生に伝えている。それを受け止めた保育者は，子どもが注目している対象に共同注視し，子どもが対象に向けている情動を共有し，そのように子どもと同じ知覚と同じ情動をもっていることを子どもに伝えている。この場面で，子どもが受け取っているのは，「あなたの言っていることはわかっていますよ。」というだけのことではない。保育者は「わたしたちは雄大な石狩川に圧倒されるような気持ちをともに味わっていますよ。」というメッセージを伝えて，経験をともにしている。その後も，虫，風に舞う楓の種子を共同注視して，見ている二人の間には共感が生まれ，「わたしたち」関係が生まれている。

4月に入園して以来，先生が自分のことばを聞き取ろうとしてくれ，自分のことをわかってくれ，ともに喜びを分かち合うような経験の積み重ねによって，この子どものなかに，通じ合うことの信頼，ことばの有効性への気づきが高まってきている。

2) 文化的意味の世界への参入

「子ども－大人－物（対象）」のかかわり合いは，三項関係と呼ばれる。この対話の原初的な姿は，大人と子どもの視線が目の前の対象に同時にとどま

るというかたちで生後 4 か月頃から見られ始める。その始まりの頃は，子どもが，相手の視線そのものを追おうとしたのか，視線を向けた物そのものへの関心を示したのか，明確ではないが，やがて視線だけでなく，相手の見た対象そのものへはっきりと目を向けるようになり，視線の共有というより，「対象の共有」と呼ぶにふさわしい姿になる（岡本，1982）。この三項関係を頭において，事例 2-18 をみてみると，目の前に存在しないイチゴという共通のテーマをめぐって，子どもと母親が話し手となったり聞き手となったりして対話している。この子どもと母親の対話には，「こども－大人－テーマ」の三項関係と，話し手と聞き手の役割の交換が成立している。子どもはたどたどしいながらも，自分の関心の対象に母親の関心を向けることに成功し，イチゴを買ってほしいと交渉している。

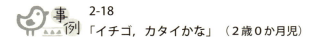

事例 2-18　「イチゴ，カタイかな」（2歳0か月児）

降園後，母親がチャイルドシートにレイくんを座らせ，「お買い物して帰るね。」と近所のスーパーに向かって車を走らせていると，後部座席から「イチゴ，買ってよ。」と言ってくる。運転中の母親が「そうねぇ。」と気のない返事をすると，「カタイかな。」とつぶやくように言う。一瞬「ん？」とのみこめなかった母親だが，すぐに日頃，買い物中に自分が「（値段が）高いからやめておくわ。」と声に出していることを思い起こした。「あ，イチゴ，タカイかもね。」，「普通の値段だったら，買うね。」と言うと，「うん，買ってね。」と納得。

直接自分に向けられた言葉でなくとも，大人の会話やつぶやきをよく聞いているのに驚かされる。2 歳になったばかりのこの子どもは，「（値段が）高い」という社会的意味を現実的に理解しているわけではないだろう。しかしながら，大好きなイチゴという対象を母親と共有するなかで，赤くて甘酸っぱい果物であるイチゴそのものの認識にとどまらず，母親によってイチゴに重ねられた社会的意味の存在に気づき始めている。このようにして，子どもは信頼する大人を拠りどころとして文化的意味の世界へ足を踏み入れてい

く。

　「春の味がするね。」，筆者の3歳になったばかりの息子が夕食の総菜を口に入れて，はずんだ声でことばにしたことがあった。そのとき食卓に並んでいたのはありきたりなもので特に季節感のあるものでもなかったので，おかしく思いつつ微笑んで息子の顔を見ると，すました表情の息子と目が合った。この「春の味」ということばは保育園で仕入れてきたらしかった。後日，担任の先生から聞いたところによると，保育園の給食に出された菜の花のおひたしに，園児たちは「にがいー。」「からいー。」と大騒ぎになり，先生が「春の味がするよ。」と言ってなだめたのだという。また，保育者がクラスで読み聞かせた絵本『めざめのもりのいちだいじ』(作・絵：ふくざわゆみこ，福音館)を息子は気に入って，何度も読んでもらい，雪解け水やふきのとうなど春の到来を感じてめざめる森の動物たちの世界と，菜の花のほろ苦い味に出合った自分の生活世界が重なる経験をしたことも，「春の味」を強く印象づけたのかもしれない。

　コミュニケーションが成り立っていく生活過程における，子ども－大人の関係について，鯨岡（1990）は，もっぱら大人が子どもにつき従う「受容的」関係なのではなく，大人の内部で暗黙のうちに作動している文化共有への志向（実際には大人の願望や期待のかたちをとって現れる）が子どもに向けられ，結果的に大人から子どもへと文化が移し入れられていくような関係であると指摘している。大人は，まず子どもの気持ちを間主観的に感じ取り，それに基づいて先取り的なかかわりが自然に生まれ，それが子どもに浸透し，子どもの側に潜在していた未定型の力およびその熟度とが微妙にからみ合って，子どものもとにかたちのある行動を仕立て上げていく結果になるという。大人は単純に手本を示しているだけでも，子どものことばの意図をくみ取ろうとするだけでもない。子どもと経験をともにしつつ，同じ文化を共有する存在と見なしてやり取りをして，子どもの表出を土台に，表出の意味を共有しつつ相互的な対話の流れをつくり上げていく。子どももまたその流れに主体的に加わりながら，ことばを自分のものにしていくのである。

(2) 子どもとのかかわり
1) 仲間と交わし合うことばのメッセージ

上述のように子どもと大人のコミュニケーションの成立過程において，大人は子どもの反応を誘いこみ，積極的に意味づけ，子どものことばを読み解くというように重要な役割を果たす。他方，子どもと子どものやり取りでは，受け手にことばの発し手の意図や気持ちを読み解こうとする意識はそれほど強くない。子どもは仲間とどのようなやり取りをしているのだろうか。

事例 2-19 は，筆者がある幼稚園の自由遊び場面の観察に行っていたときに収集したものである。それまで見たことのなかった組み合わせの二人が一緒にいたので近づくと，年中児リカちゃんと年少児アヤちゃんが葉っぱ集めをしていた。「赤い葉っぱ」「とがった葉っぱ」「細く巻いた葉っぱ」など，幼児がお気に入りの木の葉を探す姿はよく見かけるが，このときの二人の様子は少し違っていた。とても楽しそうに葉っぱを集めているのに，葉っぱに対する興味があまり感じられなかったのだ。

事例 2-19　「これ，いらないわよね。」

秋の深まる園庭。二人の女児がはずむようにスキップしながら，赤や黄色に染まった葉っぱや草の茎などを集めている。「あ！　あったー。」「きれいー。」「きれいねー。」と言葉を交わしながら，リカちゃん（年中児）が色づいた葉っぱを拾っては，バスケットを持っているアヤちゃん（年少児）に手渡してあげている。リカちゃんが，細長い茎のついた葉を手に取り，

リカちゃん：（歌うように明るくアヤちゃんの顔をのぞいて）「ねぇ，これはいらないわよね（↗）。」

アヤちゃん：（リカちゃんの手のなかにある草の葉を一瞥するかしないか，それに視線をとどめることなく，当然というような感じで）「うん，いらないわ。」

リカちゃん：（やっぱりという表情で）「そうよね，いらないわよね。」と言いながら，細長い茎をマジシャンのような手つきで手放す。

アヤちゃん：（満ち足りた笑顔で）「そうよ，いらないわ。」

> **リカちゃん**：(また別の色づいた葉っぱを手に取り)「これはいるわ，ねぇ。」
> **アヤちゃん**：「うん，いるわ。」
> **リカちゃん**：「いるわよね。」と言いながら，アヤちゃんのバスケットに入れる。
> 　二人の声のトーンや大きさが呼応し合い，二人のスキップのリズムもますます同調してきた。

　やりとりのはじめのリカちゃんの「これはいらないわよね（↗）。」は，語尾が上がっていることから，年少のアヤちゃんのお世話をしてやさしく「たずねている」ようでもあり，アヤちゃんの視点で代弁を試みているようでもある。それに対してアヤちゃんは葉っぱをよく見ないまま即座に「うん，いらないわ。」と応じている。その後も一貫してアヤちゃんの視線や身振りからは"葉っぱ集め"に対する思いやこだわりよりも，相手の視線の動きに追従したり，自分の視線の動きを相手にたどらせたりというような交流の楽しさ，同じ動作をしていることのうれしさが伝わってきた。そして，そのことはリカちゃんも同様であった。
　この場面の二人は，相手の気持ちをくみ取ろうとしているというより，「一緒に」という気持ちを互いに高め合っているようである。「そうよね，わたしとあなたの好みは同じだわ，仲よしだわ。」という心の響き合いの交流である。すでに誕生直後から養育者との情動の共有がコミュニケーションの土台になっていることを述べたが，その初期のものは自他未分化な融合的状態によるものであった。しかし，ここでは明らかに自他の差異の認識のうえに立って，そこにポジティブな情動の共有関係をつくり出そうとして，やり取りしている。観念の伝え合いではなく，応じ合うことに意味があるのである。

2) 仲間と創造することば

　子どもは生活のなかで現に今の自分が生きている世界によりよく，より深く適応してゆかねばならないが，一方ではその現実世界を破って（超えて）より広く新しい世界をつくり出してゆくことが，子どもの発達には不可欠である（岡本，2005）。現実世界を破る（超える）試みは，大人には単なる逸脱

にうつる可能性もあり，一種のリスクを含むものであろうが，知ることや学ぶことを義務づけられていない幼児期には，遊びのかたちをとってさまざまな挑戦が行われていく。もちろんそれはことばに限らず，発達全体についていえることであるが，ここでは遊びのなかのことばに着目して，現実世界を破る子どもたちの試みをのぞいてみよう。事例 2-20 は，ある年中組担任保育者の実践記録（棚橋，2018）に収められていたものである。

事例 2-20 「ユウゴの図鑑を見てみろ！」（年中児　9月）

　さわやかな秋晴れの日，1匹の大きなトンボが園舎の壁にとまっているのを保育者が見つけた。虫が大好きで今日も手押し車に図鑑を載せていたユウゴを呼ぶと，急いで駆け寄ってきた。「何がいたの？　どこどこ？」とあたりを見回し，保育者の視線の先にいるトンボを見つけて「あ！」と叫んだ。かなり高い位置にとまっていたトンボを長身の男性保育者が捕獲し，虫かごに入れると，みんなで食い入るように見る。「なんだ，これ？」「ギンヤンマだ。」「違う！オニヤンマだ。」「水色トンボだ。」と口々に言い合う。すると，ユウゴが「ユウゴの図鑑を見てみろ！　載ってるから見てみろ！」と図鑑のページをめくり始める。ユウゴは慣れた手つきで，トンボのページを開いて「これだ！」とオニヤンマを探し出した。ショウが「すごいな，ユウゴ。オニヤンマってすぐに調べた。」と感心して言うと，ユウゴは「ユウゴはトンボ図鑑つくったことがあるからわかるんだ。」と得意気に応じた。しばらくトンボを観察した後は，リョウやコウタと一緒に園舎の裏の畑に移動して，ダイコンの葉についた幼虫を調べたり，その幼虫の食べるものを調べたりしていた。

2-21 「これは"ニシドングリ"だ!」(年中児 9月)

　前日,コウタが大切そうに袋を持って登園してきた。「このなかに何が入っていると思う?」と,袋のなかから取り出したのは,一粒の栗だった。この園の敷地の隅には栗やクルミの木がある。「昨日見つけたんだ。」とうれしそうにみんなに見せて,再び大切そうに袋にしまった。コウタの姿と栗のことは何人かの仲間の興味をひいたようで,ユウゴはこの日の降園時,「明日は栗の基地のとこに行く。」と言って帰っていった。

　翌日,前日のことばどおりに「先生,栗の基地やろう。」と担任保育者を誘い,他の子どもたちも加わって,ユウゴが先頭を歩いて園庭の端にある築山付近に向かった。すぐにあたりの探索が始まり,間もなくユウゴがクルミを一つ手に取り「あったぞ! これは"ニシドングリ"だ。」と言う。そして,「先生,ここに書いて。」と自分のノートを差し出す。ノートにはすでにクルミの絵が描かれており,その絵のところに「ニシドングリ」と書いてもらう。

　それを見ていたコウタやリョウも同じように書いてほしいと保育者に要求する。さらにコウタは,「ニシドングリのある場所に印をつけておこう。ここが今の場所だ。」と自分で地図らしき図を描いて保育者に見せる。

　ユウゴが「△△(地名)には4種類のドングリがあるんだ」と言うと,リョウは手にしたクルミを差し出して「ユウゴ,これは何?」と尋ねる。ユウゴは「これはー(鑑定するように),"シリドングリ"だ。」と自信たっぷりに答える。その場の男の子たちはそれぞれノートに「シリドングリ」と書く。次に誰かが見つけたクルミは"ラクラクドングリ"であった。

　クルミが見つかると,ユウゴが"○○ドングリ"と同定するということが何度か繰り返された後,保育者が「クルミじゃない? ドングリなの?」と聞くと,ツトムが「クルミだよ。」と小さくつぶやくが,ユウゴは黙っている。

　その後,"トウメイドングリ"が同定された直後に,ユウゴは「次は,クルミを探すぞ!」と言い,みんなで場所を変えてクルミを探し始めた。

　年中組のユウゴは日頃から図鑑に展開されている世界をよく探索し,しば

しば図鑑の生き物の図などを見ながら絵を描く姿も見られる。上述の事例では，オニヤンマをめぐって，ユウゴがその知識と技を仲間にも提供し，称賛された約2週間後に，"栗の基地"の遊びが出現した。先のエピソードで，普段,園庭であまり見かけない大型のトンボをオニヤンマと同定する行為は，図鑑によってもっと知りたい,わかりたいという行為であったと思われるが，"栗の基地"でドングリを発見する遊びは木の実について知ろうというよりも図鑑づくりを楽しもうとする活動になっている。

　"ドングリ"の図鑑を編纂していくような遊びには，現実の図鑑についての知識の表現と，クルミを次々と"○○ドングリ"と命名していくという非現実的な行為が含まれている。この園の子どもたちにとってクルミは珍しいものではないはずだが，ユウゴたちはあたかも生物学者が珍種を発見するように，"ニシドングリ""シリドングリ""ラクラクドングリ""トウメイドングリ"の4種類のドングリを採集していった。ヴィゴツキー（Vygotsky, 1978, p.102）は，子どもは遊びでは頭一つ抜け出たもののように行為すると述べたが，まさにユウゴは自分の行為が仲間に許容されていることを感じながら，なじんだ図鑑の情報的知識を超える新しい何かを創造しようとしている。仲間はユウゴの冒険的な試みを歓迎し，コウタが自作の地図にドングリのある場所を描くなど，真実を確認するよりも自分たちにとっての新しい意味の感覚を生み出すことをおもしろがっている。

　この遊びは，中野（1993, p.106）が指摘するように，クリ，クルミ，ドングリなどの木の実に関する子どもたちの既有知識とのズレが適度なでたらめ度で創造され，発見されることで形づくられている。このでたらめな行為を支えていたのは，子ども－大人関係ではなく，子ども－子ども関係であり，響き合う仲間の存在であった。後になって本当はクルミではないのかという保育者のゆさぶりによって虚構の場面から移行していくのだが，それまでのユウゴたちは仲間とのかかわりのなかで，ポジティブな情動の高まりを乗り物にして，現実を破る試みに参加している。そこには未知の世界への好奇心や現実を破っていくときの高揚感があるからだろうか，子どもは子ども同士の遊びにひかれていく。大人が子どもの行為に対して否定や批判をしたとしても，子どもは仲間を求め，仲間との遊びのなかで，獲得したことばを積極

的に使い（大人から見れば"変な"ことばも創造しつつ），ことばが子どもを動かして，その子らしさの表現になり，仲間との活動を創っていく。そこに仲間同士で呼応し合うことばの世界もまた開かれていく。

　以上，見てきたように，ことばが育つかかわりにおいては，子ども－大人関係であれ，子ども－子ども関係であれ，「共同性と相互性」（土谷，2006）が重要な意味をもつ。共同性とは，注意の共有，イメージの共有，意味・語彙の共有，活動の共有，情動の共有であり，相互性とは，重ね合い・響き合い，掛け合い，能動・受動の交代対話，交渉である。子どもとかかわり手がともに生き，発達する過程で，ことばが子どもの生活のなかに息づいていくのである。

（川端）

〈2章　引用・参考文献〉
岩田純一・佐々木正人・石田勢津子・落合幸子（1995）『児童の心理学（ベーシック現代心理学3）』有斐閣
ヴィゴツキー，L. S.　柴田義松訳（1962）『思考と言語』明治図書
岡本夏木（1982）『子どもとことば』p.56　岩波書店
岡本夏木（1985）『ことばと発達』岩波書店
岡本夏木（2005）『幼児期』p.76　岩波書店
岡本夏木・清水御代明・村井潤一監修（1995）『発達心理学辞典』ミネルヴァ書房
河合雅雄（1997）『河合雅雄著作集2　サル学を拓く』小学館
キャロル，J. B.　琢磨武俊訳（1972）『言語と思考』岩波書店
鯨岡　峻（1990）「コミュニケーションの成立過程における大人の役割―乳児－母親および障害児－関与者のあいだにみられる原初的コミュニケーション関係の構造」『島根大学教育学部紀要（人文・社会科学）』第24巻第1号，pp.47-60
棚橋裕子（2018）「4歳児ことり組―遊びのおもしろさ　友達のおもしろさ―」『平成29年度北海道教育大学附属幼稚園紀要』
土谷良巳（2006）「重症心身障害児・者とのコミュニケーション」『発達障害研究』第28巻第4号，pp.238-247
中野茂（1993）「遊びの発達心理学」無藤隆編『別冊発達15　現代発達心理学入門』pp.99-110 ミネルヴァ書房
福沢周亮編（1987）『子どもの言語心理(1)　児童のことば』大日本図書
福沢周亮（1995）『言葉と教育』放送大学教育振興会
ルイス・ホルツマン，茂呂雄二訳（2014）『遊ぶヴィゴツキー　―生成の心理学へ―』p.142　新

曜社
正高信男(1993)『0歳児がことばを獲得するとき』中公新書
ルリア，A. R.　山口薫・斉藤義夫・小林茂訳(1962)『精神薄弱児』三一書房
ルリア，A. R.　松野豊・関口昇訳(1969)『言語と精神発達』明治図書
Reddy, V.(2008). *How infants know minds.* p.233. Cambridge, MA: Harvard University Press.
Vygotsky, L. S.(1978) *Mind in society.* p.102. Cambridge, MA: Harvard University Press.

3章

子どものことばと保育の実際

1. ことばを育む保育者の役割と援助

　子どもは，生活をともにする人との関係性のなかで，ことばを獲得していく。幼稚園や保育所で毎日生活をともにする友だちや保育者の影響は大きい。保育者は，日々の生活のなかで，子どもたちにあいさつをしたり，子どもを認めたり，指示を出したり，また友だちの気持ちに気づかせたり興味・関心が広がったりするように，さまざまなことばかけをしている。

　子どもはその保育者のことばを聞いて，自分の気持ちや行動と結びつけていく。また，保育者のことばを模倣することも多く，保育者の口調に似ていたりまねて話をしたりすることがある。

　ことばはことばの領域だけでなく，認知，人間関係，運動などの精神的機能と相互に関連して発達していく。話しことばは音声による人とのかかわり合いである。保育者は子どもとの信頼関係を築き，気持ちを交わし合い，心を理解することが必要である。また，子どもが生活経験を通して，ことばを獲得していけるような豊かな環境つくりや，子どもの生活経験に即したこと，興味・関心を抱くことなどを話題にして子どもと会話をしたり，幼児同士の会話を促したりすることが，保育者の役割である。

　次に保育者の援助について事例を通して述べていく。

 3-1
話したくなる環境をつくる （5歳児　6月）
〜「今日，プール掃除できるかな」〜

　6月のある日，プール開きにあたって，年長組がプール掃除をすることになっていた。しかし，当日の朝は小雨模様，登園時にあらたくんはプール掃除ができるか，心配で母親に聞いている。

あらたくん：「今日，プール掃除できるかな？」
母親：「どうかな，先生がやってくれるんじゃない？」
あらたくん：「できるかな。プール掃除やるって言ってたよ。」

母親：「先生がやってくれるよ。」
あらたくん：「今度いつかな？」
母親：「先生がやってくれるから。」
あらたくん：黙って，保育室に走って行った。

　あらたくんはプール掃除を楽しみにしていた。なぜならプール掃除をすれば大好きなプールが始まるからだ。しかし，プール掃除当日は小雨模様で，プール掃除ができるかどうか心配であった。プール掃除は年長児に任された仕事であることも理解している。そして，責任も感じている。朝の登園時にこの心配を母親に話しているが，母親は，あらたくんが心配している「今日，この天候でプール掃除ができるか？」「できなかったら，いつになるのか？」という，年長児としてプール掃除をやり遂げなくてはいけない責任感からの発言を理解していないで返答をしている。そのため，最後には黙ってしまい，保育室に向かって走って行った。自分の思いを受け止めてもらえないということがあらたくんの話したいという気持ちを消滅させてしまったのである。

 3-2 「これ，ティラノサウルス」（4歳児　2月）

　いつも物静かなかずきくん，絵本が大好きでよく絵本を見ている。この日も幼稚園の絵本コーナーで，「恐竜」の絵本に見入っている。隣に保育者が座ると「見て，見て。」と絵本を差し出した。保育者が「なあに？」と答えると，「これね，ティラノサウルス。」と言いながら「強いんだよ，かっこいいでしょう。」と声も大きくなってきた。保育者は「強いんだ，かっこいいね。」と答えると，体を近づけ「これはね，空飛ぶの。」と恐竜を指さした。保育者は「先生，知らなかった。空飛ぶの，かずきくんよく知っているね。」と驚くと，「ぼく，何でも知ってるよ。」と目を輝かせて説明し出した。翌日，かずきくんが登園してくると保育者のところにやってきて，「今日も，一緒に絵本見よう。」と誘ってきた。保育者は「そうだね，一緒に見ようね。」と答えると，かずきくんは

▶ 絵本コーナーに一目散に走って行った。

　いつも物静かなかずきくんの姿を見て，保育者もかかわりをもちたいと日々様子を見ていた。
　絵本コーナーで「恐竜」の絵本に見入っている姿を見つけ，そっと横に座ることにし，何も声をかけず見守っているとかずきくんから声をかけてきた。保育者はかずきくんのことばを一つ一つていねいに受け止めたり共感したりして，かずきくんの心に寄り添っている。このことが保育者への親しみの気持ちになり，翌日はかずきくんから保育者を誘ってきた。自分の気持ちを理解してもらえた，受け止めてもらえた，同じ楽しみを共感してもらえたという体験がことばを生み出している。
　「耳を傾けて聞くことは，語ることよりもはるかに偉大な愛の証(あかし)である」（イヴァン・イリイチ）ということばがある。子どもの「あのね」「先生」「見て」「聞いて」「これはね」「えーと，えーと」というようなことばや，表情やまなざし，しぐさ，ことばの背景など，子どもが語りたいことは何かを理解していくことが重要である。子どものことばを興味深く，真摯に聞く姿勢，保育者の気持ちが，子どもの「話したい」という表現意欲をかきたてていく。保育者が子どものことばに耳を傾けること，ありのままを受け入れることが，「話したい環境」をつくることになる。

事例 3-3
信頼感がことばを育む　（4歳児　5月）
〜「雨つぶ　ポツン」〜

▶　こうたくんは外が大好きで，幼稚園に登園してくるとすぐに園庭に行く。砂場に行ったり，花を見たり，虫を捕まえたり，一人で自分の好きなことを楽しんでいる。保育者も声をかけるが，あまり返事はない。口数は少ない。
　ある雨の日，こうたくんはベランダに座っていた。何を見ているのか不思議に思った保育者はこうたくんの隣にそっと座った。黙って座っているとこうた

くんが「雨つぶ　ポツン」とつぶやいた。保育者は雨のしずくが落ちてくるのを見ていることに気がついた。保育者も「雨つぶ　ポツン」とつぶやくと，こうたくんも「雨つぶ　ポツン」と言った。保育者が「雨つぶ　落ちてくるね。」と言うと，こうたくんは「うん。ポツンって言ってるね。」と保育者の方を向いて笑顔で答えた。

　保育者が子どもに寄り添い見守りながら，子どもの気持ちや興味を探っている。こうたくんにとっては，静かに自分の様子を見守っていてくれていること，自分の気持ちに共感してくれたことで，「自分の気持ちを理解してくれる」存在として信頼感が芽生えていった。保育者との信頼関係がことばを生み出す基本となっている。

 3-4
「私もそのスカートはきたい」（4歳児　10月）

　うさぎ組の女児の間でおうちごっこが流行している。みさきちゃんはいつも黄色い花柄のスカートをはいてお母さん役をやっている。めぐみちゃん，なみちゃんもそれぞれに赤い花柄，ピンクの花柄のスカートをはいてお姉さんになっている。けいちゃんもおうちごっこに入りたくて，「入れて」と言うとみさきちゃんが「私はお母さん，めぐみちゃんとなみちゃんがお姉さんだから，けいちゃんは赤ちゃんね。」と言われる。けいちゃんは「スカートはいた赤ちゃんね。」と言ってスカートをはいた。なみちゃんが「赤ちゃんはスカートはいたらおかしいよ。」と言ってけいちゃんがはいているスカートを脱がそうとした。けいちゃんは「私だってスカートはきたいもの，赤ちゃんは嫌だ。」と言って言い合いになる。みさきちゃん，めぐみちゃんも「けいちゃんは後から入ってきたから　赤ちゃん。」

　けいちゃんが泣き出し保育者がやってくる。保育者はそれぞれに「どうしたの？」と聞く。みさきちゃんは「けいちゃん，赤ちゃん嫌だって泣いちゃった。」めぐみちゃん，なみちゃんも「だって，赤ちゃんなのにスカートはいたんだも

の　おかしいよ。」
　保育者は3人の話を受け止め「そうなんだね。じゃあ，けいちゃんが何で泣いているか聞いてみようか。」と言ってけいちゃんに尋ねた。けいちゃんは泣きじゃくり話をしない。めぐみちゃん，なみちゃんもあまりにも泣き続けるけいちゃんを見て心配そうな表情になってきた。保育者がけいちゃんの背中をさすり，「大丈夫だよ，待っているからね。」と声をかけた。けいちゃんはだんだんと落ち着いてきた。するとけいちゃんは「だって私もスカートはきたかったんだ。」と小さな声で話し出した。

　子どもたちの遊びのなかでは，自分の思いをことばでうまく表現できなかったり，イメージの違いだったりしていざこざが起きる。自然と子どもたちの関係性が築かれ，固定した子どもの思いで話が進むこともある。このようなときは保育者が子どもたちの関係性の調整に入る必要がある。けいちゃんは自分の思いを理解してもらえず悲しい，悔しい思いをしている。みさきちゃんは自分の思いで遊びを進めたい。めぐみちゃん，なみちゃんは「赤ちゃん＝スカートはおかしい」という思いがあり，4人の思いがすれ違っている。
　保育者はまずはそれぞれの思いを受け，みさきちゃん，めぐみちゃん，なみちゃんに，泣いているけいちゃんの気持ちに気づくように促している。これはそれぞれに思いや気持ちがあることを気づかせたい，伝えたい，理解させたいという保育者の援助である。そして，泣き出してしまったけいちゃんの気持ちに寄り添い，無理強いをせず，けいちゃんの気持ちの立ち直りを待った。そのことによりけいちゃんは保育者が自分の気持ちの理解者であることを感じ，信頼感が芽生え，小さい声ながらも自分の気持ちを言うことができた。
　保育者の共感的な受け止め，あたたかなまなざし，やさしいかかわり，やさしい口調，このような姿勢や話し方は子どもたちのモデルとなる。

1. ことばを育む保育者の役割と援助

事例 3-5
保育者のことば （2歳児 10月）
〜「先生のことばとそっくりです」〜

　ふうかちゃんの母親と個人面談をした。ことばが出るのが遅かったので母親は心配していたが，最近おしゃべりが増えとてもうれしそうである。
母親：「この頃おしゃべりをよくするようになって，うれしく思っています。」
保育者：「保育園でもよくお話ししてくれますよ。」
母親：「『食事の前には手をあらいましょうね。ばい菌さんバイバイ。』と言ったり，『それはいけません。』などと注意されることもあります。」
　「あまり，家では注意することはないのですが，どこで覚えてくるのでしょうね。」
保育者：「『ばい菌さんバイバイ』は保育園で私がよく言っています。ふうかちゃんに『それはいけません』と注意したことはないのですが，ほかの子に声をかけているのをよく聞いているのですね。子どもってすごいですね。」

　子どもはまわりの刺激を受けてことばを習得していく。毎日かかわりのある保育者のことばは，子どもにとってモデルとなっていく。保育者の口調やことばをそっくりに模倣する姿もある。この事例では，保育者が食事の前に「手を洗いましょうね。ばい菌さんバイバイ。」と声かけをしていることが，家庭での食事場面で想起され，使っている。ふうかちゃんは保育者になったつもりで会話している。「それはいけません。」のことばも印象に残っている。ふうかちゃん自身が直接的に言われていなくても生活のなかで耳にし，同じような家での生活場面で使っている。ことばの意味と状況とが的確に判断されことばとなっている。このように保育者のことばは子どものことばに大きく影響を及ぼすことを意識してかかわることが大切である。

3-6 「手が大きく振られてかっこいいね」（4歳児　9月）

　運動会前の9月，全園児で運動会の開会式の練習をした。各クラス2列になり行進が始まった。初めに「元気よく行進しましょう。」と全体に話があったが，手の振りが小さく元気が感じられなかった。
　4歳児のりす組は手が大きく振れ元気に行進できていた。その様子を見ていた保育者が，「りす組さん，手が大きく振れてかっこいいですね。」とアナウンスをした。すると残りの3クラスの手の振りも大きくなり，元気な行進ができた。

　これは，子どもたちにどのように声かけをすると効果的であるかという事例である。「元気よく行進しましょう。」と言われても，どのようにすることが「元気よく」なのか子どもたちにはイメージがもちにくい。「元気よく」の具体的行動スタイルを伝えることで，子どもたちにとってはイメージがしやすく表現しやすいのである。保育者のことばのかけ方一つで子どもの状態が変わってしまう。

3-7 「はるくん，おこっているかな？」（5歳児　9月）

　ある日の昼食後，絵本コーナーで騒ぎが起こった。
じゅんたくん：「先生，この絵本やぶれている。」
けいじくん：「本当だ，この絵本大好きなのに。」
りなちゃん：「そういえば，さっきはるくんが見ていたよ。」
まみちゃん：「わたしも見た。はるくんがやぶいたんじゃないの。」
　そこにはるくんがやってきた。
はるくん：「違うよ。ぼく，やっていないよ。」と，おこって走って行ってしまった。
　様子を見守っていた保育者がやってきた。

保育者：「誰かはるくんがやぶいたところ見たの？　はるくん，何て言っていた？」と子どもたちに声をかけた。
りなちゃんとまみちゃんは気まずそうな顔をして下を向いてしまった。
保育者：「みんなの大切な絵本だから，直そうね。」と言って絵本の修理をしながら「はるくん，おこっているかな。」とつぶやいた。
りなちゃんとまみちゃんははるくんを探しに行った。

　絵本がやぶれていることに気がついた子どもたちは，やぶれてしまった絵本を修理するというよりも，やぶいた人は誰かに子どもたちの興味がいき，はるくんを疑ってしまった。保育者はその様子を見ていて，直接的に注意をするのではなく，「憶測だけで人を疑ってはいけないこと」や「疑われたはるくんの気持ち」に気づいてほしいと声をかけている。保育者の思いがりなちゃんやまみちゃんの気持ちに伝わり，はるくんを探しに行くという行動になった。
　保育者がどのように声をかけるか，どのようなことばを選ぶかによって子どもの心の育ちが変わっていく。

 3-8
コミュニケーションを媒介する　（3歳児　10月）
〜「これ，私のクマさん」〜

　「かーしーてー。」と大きな声がするので保育者が振り向くと，なおみちゃんがゆなちゃんの持っているクマのぬいぐるみを貸してほしくて叫んでいた。ゆなちゃんは「これ，私のクマさん，ダメ。」と言ってクマのぬいぐるみを持って廊下の方へ走って行った。なおみちゃんはゆなちゃんを追いかけて行く。廊下でまた，なおみちゃんの「かーしーてー。」の大きな声がした。そして，なおみちゃんの泣き声がしたので保育者が見に行くと，二人はクマのぬいぐるみを取り合っていた。保育者は「どうしたの？」と二人に声をかける。なおみちゃんは「クマさん，ほしいの。」　保育者は「なおみちゃん，クマさんほしいのね。」

となおみちゃんの気持ちを受け止め，ゆなちゃんに「ゆなちゃん，なおみちゃんがクマさん貸してほしいみたいよ。」と伝える。ゆなちゃんは「今，クマさんとお散歩してるの。」と言う。保育者はなおみちゃんに「今，クマさんとゆなちゃんがお散歩しているんだって。」と伝えるが，なおみちゃんは「クマさん，かーしーてー。」と再度言う。保育者はゆなちゃんに「なおみちゃんもクマさんがいいみたい。お散歩終わったら貸してくれる？」 ゆなちゃんは「お散歩終わったら。」と言ってクマのぬいぐるみを抱いて歩きまわる。

　しばらくして，なおみちゃんがまた「かーしーてー。」と叫んでいる。保育者はゆなちゃんのところに行き，「お散歩終わったかな？」と聞く。ゆなちゃんは「まだ。」と言う。保育者が「あとどれくらい？　なおみちゃんが待っているよ。」と聞くとゆなちゃんは「もう1回。」とこたえる。保育者「もう1回？ぐるっとまわったら？」 ゆなちゃん「うん。」

　保育者がなおみちゃんに「ゆなちゃん1回まわったら貸してくれるって。」と言うと，なおみちゃんは「待ってる。」とこたえる。保育者「ゆなちゃん，なおみちゃんここで待ってるね。」

　ゆなちゃんは1まわりしてなおみちゃんにクマのぬいぐるみを渡していた。

　3歳児は自分の主張が強い時期である。保育者はそれぞれの思いを聞き出し，受け止め，互いに伝えている。ゆなちゃんにはなおみちゃんの思い，なおみちゃんにはゆなちゃんの思いがあることを保育者が媒介することで，それぞれの思いがあることに気づかせている。保育者は子どもの気持ちをくみ取り，互いの気持ちを橋渡しすることでコミュニケーションの取り方を伝えている。

事例 3-9
一人一人の思いを引き出す　（5歳児　10月）
～「それもいいね　―動物園作り―」～

　動物園へ遠足に行った経験をもとに，年長組で「ちびっこ動物ランド」を作

ることになった。子どもたちは数人の友だちと一緒にどんな動物を作るか相談している。わかなちゃんらのトナカイグループでも話し合いが始まった。

わかなちゃん:「トナカイ,どうやって作る？」
かのんちゃん:「前のを思い出して,前の。トラみたいのがいた。」と昨年の年長組が作った動物ランドを思い出している。
りょうたくん:「段ボールで作っていた。」
しおんくん:「そうそう,大きな箱。」
わかなちゃん:「餌をあげるのは？」
りょうたくん:「乗れるのがいい。」
しおんくん:「動くの,餌食べて。」
わかなちゃん:「最初に餌あげて。」
たかおくん:「後だよ,乗ってから。」
りょうたくん:「そう,そう　降りたとき。」
わかなちゃん:「えー,最初。」
かのんちゃん,りょうたくん,たかおくん:「後だよねー。」
わかなちゃん:「おかしいよ,そんなの。」と言って下を向いて黙ってしまった。
保育者:「どうしたの？　わかなちゃんが下向いてるよ。」
りょうたくん:「だって,餌をはじめにあげるって。」
保育者:「はじめにあげるのはだめなの？」
りょうたくん:「乗せてくれたお礼だよ。」みんなは黙っている。
保育者:「かのんちゃんは？　しおんくんは？」
かのんちゃん:「ありがとうって　あげたい。」
しおんくん:「ぼくも。」
保育者:「わかなちゃんはどうして餌をはじめにあげたいの？」
わかなちゃん:「だって,お腹がすいていると動けないもの。」
りょうたくん:「あっ,そうか。それもいいね。」
保育者:「どっちがいいかな？　もう一度考えてみようか？」と子どもたちに声をかけた。
かのんちゃん:「そうだね。もう１回みんなで考えよう。」と言ってまた話し合っ

▶▶▶▶た。

　子どもたちは，昨年度年長組が招待してくれて経験した「動物ランド」を思い出しながら，イメージを共通にしようとしている。この事例では，トナカイを何で作るか，いつ餌をあげるかの話し合いになっている。餌をあげるタイミングについて意見が分かれてしまった。わかなちゃんなりの思いがあり，「初めに餌をあげる」と主張するが，3対1に意見が分かれてしまった。保育者は一人一人の考えを確認する。そのとき，はじめて他児はわかなちゃんの「はじめにあげたい理由」がわかった。

　相談の場面では，大勢の意見に傾く傾向がある。しかし，ことばでうまく表現できない子どもにも配慮をし，保育者が話し合いの仲間に入り，一人一人が十分に考えを表し，互いに折り合いをつけられるように援助することが必要である。

（古川）

2. 子どもの生活とことば

　子どものことばは生活のなかで獲得されていく。一歩一歩，生活習慣が身につくことでそれがことばの芽となって次第に開花していくのである。保育者と赤ちゃんが体と体をふれ合わせスキンシップをとることが，乳幼児期のことばの獲得の基本である。心と体が安定していれば，子どもは多くのものを吸収し，身近な他者とのことばを使ったコミュニケーションをつくることができるようになっていく。乳児期には，授乳，排泄，離乳食などの世話をしながら，愛情をもって赤ちゃんとかかわることが何よりも大切である。赤ちゃんとの愛着形成がことばの土台となるからである。幼児前期（1歳から3歳頃まで）では，ことばや文法の基礎を獲得し，さらに幼児後期では語彙が増加し会話ができるようになっていく。幼児後期からは就学以降の学びの基盤となる「聞くこと」「話すこと」をはじめ「知的好奇心」を高めるよう

な働きかけも必要だろう。このようなことばの発達には，他者とのあたたかいかかわりを基盤とした幼児を取り巻くすべての環境が影響を及ぼしている。

(1) 食事

　生後半年ほどから徐々に離乳食を始める。はじめはやわらかく，少しずつ歯ごたえのあるものを与えるようにしていく。まだお話はできなくても「いただきます。」というあいさつから始めていく。「モグモグゴックン」と食べ物を口に入れ，舌で押しつぶし，よく噛んでのみこむという一連の動作を食べさせながら見守っていく。7・8か月（離乳中期）頃になると，口を閉じ，鼻で呼吸をしながら舌を使ってカップからすすり飲みができるようになる。1歳から1歳半頃になると離乳食も完了し，やわらかく煮た野菜やパンなどを一口大に食いちぎって食べるようになる。口を閉じて噛むことで，正確な発音に必要な筋肉が発達するなど，食事は正しい発音の土台となる構音機能を発達させる大切な機会にもなる。また，食事は「赤いりんご。」「ふわふわ卵おいしいね。」「なんだかいいにおいがするね。」などと食べ物の名前やおいしさ，味，食感，においなどを伝える絶好の機会でもある。ただ「おいしいね。」というだけでなく，「甘い」「酸っぱい」「コリコリ」「ツルツル」などのことばを添えて子どもの実感をことばと結びつけるようにしながらかかわることが必要である。

　幼児後期には，少しずつ食事のマナーや箸の持ち方などにも配慮しながら，おいしく食べるためにはどうしたらいいか，アレルギーなどがなければ，苦手な食べ物でも，楽しさやおいしさをうまく伝えながら少しずつ食べられるように援助していくとよい。ある幼稚園では，3歳児・4歳児・5歳児と年齢が上がるごとに苦手な食材が減っていく。その内容を見てみると，ゴーヤ，なす，餅，ピーマン，トマトなどであった。これらは幼稚園の園庭で栽培・収穫した野菜や，行事のなかで先生や友だちとみんなで楽しく調理して食べた経験のある食材であった（星野，2012）。ただ食べるだけでなく，先生と苗を植えたり，友だちと一緒に水やりをしたり，収穫した喜びや驚きを友だちとことばで伝え合ったりした経験がもととなり，こころとからだと，そして

ことばが一体となって大きく成長していくようである。

 3-10
「はやくちょうだい」（9か月児　8月）

　保育者が「あーん」と口を開けて見せると，スプーンの先を目で追いかけながら「あーん」とまねて口を開ける。口にしたものがおいしいと，両手を上下にバンバンしたり，もっとほしいとテーブルをたたいてせがんだりする。保育者は，「わかった，わかった，もっと食べたいね。待ってね，今あげますね。」と言った。

 3-11
「このお餅はアグアグする」（3歳児　12月）

　この日の給食は，お餅つきをして，自分たちでまるめたお餅に，きなこ，のり，あんこをまぶしたものだった。順番にお餅つきをした後に，小さくまるめていく。おもちは大きくまるめると，噛んでのみ込むことがむずかしいため，「パクンと食べられるくらいに，このくらいにまるめてみようか。」と先生が声をかけた。「ねえ，先生，このくらいの大きさ？」「もっと，大きい？」「パクンと食べられるくらいってどのくらい？」と，大きさの確認をしている。「先生のお口だとパクンはこのくらいじゃない？」「おれもこのくらいパクンと食べられるよ。」と話し，友だちのお餅と見比べたりしながら楽しそうにお餅をまるめていた。

　まるめたお餅を一口食べて，はるきくんは「先生，このお餅，昨日のお餅と違う。」と言った。先生が「昨日もお餅食べたの？　いいなあ。」と言うと，「うん，昨日ね，保育園でも食べたの，お餅。もっとペチペチだったよ。」と言う。「ペチペチ？」「ペチペチってどんな味？　甘くないの？」「うーん，ペチペチはペチペチだよ。」「幼稚園のお餅はアグアグする。」

　はるきくんは，幼稚園の降園後に附属の保育園に移動して保護者のお迎えを待っている。昨日は，保育園のおやつがお餅だったようで，保育園で食べたお

餅と幼稚園のお餅の食感が違うことを説明してくれている。保育園では，まだうまくのみこめない子どももいるので，通常は白玉粉をこねたものをお餅の代用としてきなこをまぶしたり，お雑煮などにしている。幼稚園では餅米を使った「本物の」お餅だったので，その食感を伝えようとしたのだが，担任の先生にうまく伝えることができなかった。

(2) 排泄

　排泄の世話は，一対一で行うため，スキンシップやコミュニケーションを図るための大切な機会でもある。「おむつが濡れると気持ちが悪い」「おむつを替えると気持ちがいい」という感覚を，ことばかけしながら伝えていく。例えば，おむつ替えのときには，おむつ交換台に寝かせておなかや足をさすりながら，「おしっこ，いっぱいでたね。」「出た出た。あーくちゃい，くちゃい。」と鼻をつまみながら，明るい声で出たことを知らせ，「はい，きれいきれいになりました。」「気持ちいいね。」と排泄の感覚と気持ちのよさをことばで伝える。

　1歳頃になると，モジモジしたりおむつに手をやったりなどのしぐさでおしっこが出たことを知らせる。いつもと違うしぐさに気づいたら，「うんちでたかな。教えてくれたの。えらいえらい。」「きれいにしようね。」とやさしくかかわり，伝えてくれたことをほめながら，おむつを交換する。1歳半くらいになると，尿意，便意がわかるようになるため，その場にしゃがみこんだり，隅っこに隠れたりしたら，「急げ，急げ。おしっこ行こうね。トイレでできるかな。」と急いでトイレに連れていく。

　2歳から3歳では，排泄の自立が一応完成するが，遊びに夢中になっているようなときには間に合わずに失敗することがある。また，なんでも自分でやりたがるこの時期では大人から誘われると「いや」「行かない」「出ない」と誘いにうまく乗らないこともある。こんなときは，集団の力をうまく利用して，みんなと一緒にトイレに行く時間を設けるなどして楽しみながら自立に向けての援助をしていくのである。

　幼稚園に入園したばかりの時期には，「お手洗いの時間」がある。登園し

て全員がそろった頃を見はからって、先生が「おしっこに行きますよ。」と声をかけ、子どもたちは列車をつくってお手洗いに行く（前の子どもの肩に手をかけ、歩いていく）。その後も時間を見はからって、あるいは子どもたちの様子を見ながらお手洗いに誘う。最終的には、就学に向けて、排泄は「自立」から「自律」へと発達していくことが大切である。その後の予定を推測して「今のうちにお手洗いを済ませておく」という感覚を身につけていくために、「もうすぐ紙芝居が始まるから、途中でお手洗いに行きたくならないようにね。今のうちに行っておこうか。」とはじめのうちは先生がことばでていねいに援助していく。こういった感覚が子どものなかに内在化され、自律的な行動へと発展していくのである。

(3) 着脱

衣服の着脱は、朝起きたとき、登園時、お昼寝のとき、降園時、お風呂に入るとき、夜寝るときなど、生活の局面ごとに必要になる。着脱の自立を迎える4歳頃までは、子どもの発達に合わせてコミュニケーションをとりながら、手順やコツをさりげなくことばで伝えていく。

0歳児は、一緒にやっていると思えるように「おててもばあ、あんよもばあ、お顔もばあ。」「上手にできたね。」と、体の部位を教えたり、行為とことばを結びつけながら着替えさせたりする。

1歳児は、できるところは任せながら、「トンネルさんに足が入るかな。もういっこの足は、こっちのトンネルさんだよ。」と一人でできない部分を援助するようにしていく。

2歳児は、なんでも自分でやりたがり大人の援助を拒むことがある。子どもの気持ちを受け入れ、「あ、できた。」「やった！」と子どもが思えるようにさりげなく援助する。「ズボンはいてね。前はどっちかな。」とことばかけをして、前後の区別に気づかせたり、上下、左右を教えたりする。

3歳児は、「やって！」と甘えて大人に頼ろうとしたり、なんでも一人でやりたがろうともする。甘えたい、なんでも一人でやりたいという気持ちを認めながら、やりやすいようにコツを教えたり、「いちばん上のボタンだけ止めてあげるから、後はやってごらん。」と、できないところは手伝うとい

う姿勢で対応する。

　衣服の着脱については，暑いときには脱ぐ，寒くなったら着るなどの気候による「衣服による体温調節」や，ブラウスの襟がきれいになっているか，このズボン（スカート）なら，上着はなかに入れるか・出すかなど，ただ着る・着替えるだけでなく，健康に，心地よく過ごすためにはどうすればよいか，きれいに，かっこよく見えるためにはどうすればよいかなどもことばを添えて援助していきたいものである。

 3-12
「もっとあそんで」（6か月男児）

　だいちゃんは，授乳後，ひとり遊びをしている。足をドンドンしながら笑ったり，寝返りしてうつぶせになったりしていた。保育者がだいちゃんに両手を出して「のびのびー。」とあやす。だいちゃんはニコニコしながら両手，両足をつっぱってみせたりしていたが，疲れてきて「エエーン。」と泣きまねをして抱っこを求める。保育者は「疲れちゃったかな。」と言いながら，「いないいないばあ。」をするとだいちゃんは声を出して笑い，保育者を見る。保育者が「だいちゃん，おしっこ出たかな。」とおむつをさわると，濡れていたのでおむつ交換台に寝かせる。だいちゃんは，両手をバタバタさせながらニコニコする。保育者が「はい，おしりきれいきれいになりました。気持ちよくなったね。」と言って床に降ろすと泣く。保育者が抱き起すとまたニコニコ顔になる。

　だいちゃんは，保育者と目を合わせ，声を出して笑ったり，泣いたり，楽しいことや嫌なことをきちんと伝え，抱っこをせがむなど保育者に自らかかわろうとしている。子どもが保育者に向かってサインをきちんと出せる関係をつくるとともに，保育者とのかかわりのなかで表現された子どもの反応を受け止め，次のかかわりの手立てを見いだすことが大切である。

(4) 睡眠

　生活のなかで大きな割合を占めるのが睡眠である。近年，生活リズムが夜

型にシフトしている子どもも多く見られるようになった。2歳児で夜10時を過ぎても眠らない子どもの割合は過半数を超えている（上里・向川，2006）。睡眠が足りていないと，昼間に眠い，頭痛などといった身体症状と，機嫌の悪さ，集中力・記憶力の低下，感情抑制の困難などさまざまな問題が起こる。乳幼児期には，昼は屋外で十分に体を動かし，夜は照明を落として静かな部屋で眠るというのが基本である。

　保育時間の長い保育所では，午睡の時間もある。個人差もあるが，3歳未満児では落ち着いた環境で午睡をとり，休息をとることが必要である。昼食後から，着替え，例えば絵本を読みながらトントン背中をたたくなど，一連の流れをつくり，午睡へと導いていきたい。その際，普段より，ゆっくり少し小さめの声で話しかけてほしい。「みんなに対して」一斉に声をかけるのではなく，一人一人に対するやさしい声かけを心がけると子どもは自然と午睡前の雰囲気を感じることができる。子どもとの関係づくりができていれば，保育者が小声で話しかけると子どもも同じように小さな声で返してくれる。また，まわりの子どもや保育者が小さな声で話すとそれを見てほかの子どもも小さい声で話し，入眠前の雰囲気が出てくるのである。

　4・5歳児では体力もつき，夜十分に睡眠をとっている場合には午睡が必要のない子も見られる。いずれにしても，昼食後の一定の時間は，静かに過ごし休息をとることで，体を休める時間をもちたい。普段は午睡をしない子どもでも，クラス全体が静かに過ごしていると，気候や体調によってはウトウトとすることもある。こういった休息の時間が，病気や睡眠不足によるケガや事故の予防にもなる場合がある。

(5) 生活のなかで必要なあいさつ

　幼稚園教育要領「第2章　ねらいと内容」に「親しみをもって日常のあいさつをする」とあるように，あいさつなどでことばを交わし合うことは，お互いの心を通わせ，円滑な人間関係の土台となる。あいさつは，日常生活のなかで身近な大人が笑顔で交わすという望ましいお手本があって，子どもはそれをまねしながら，ゆっくりと獲得していく。「おはよう。」「ありがとう。」などは，まだことばを話さない赤ちゃんでも，お母さんのまねをして，頭を

下げたりする。また，その行為に対して「ちゃんとありがとうって言えたね。えらいね。」などとほめられてニッコリと笑う。このような模倣ができるようになるずっと前から，赤ちゃんはお母さんと他者とのやり取りをじっと観察している。また赤ちゃんに何かを手渡す際に「ありがとう。」と，お母さんも頭を下げてみたり，「行ってらっしゃい。」と言いながらバイバイと手を振る動作をつけて示すことで，先にあげた行動調節機能にともなって獲得されていく側面もある。この頃はどんなことでもまねしてみたい時期であるから，生活のなかで遊びとして絵本を見ながらあいさつ遊びを取り入れてみてもよいだろう。

　保育所や幼稚園では，登園時に保育者や友だち，その保護者とあいさつするような場面もあれば，朝の会でみんな一緒に「おはようございます。」とあいさつすることもある。元気なあいさつができた子どもをほめることで，ほかの子どもも楽しくあいさつができるようなことばかけをしていく。一方で恥ずかしがってうまくあいさつ（返事なども含めて）ができない子どもにも根気よくことばかけをし，一緒に手をあげたりしながら，小さな声でも返事ができたら，やさしくほめ，あいさつを促していく。大きな声でなくても，笑顔や気持ちが大切なことを保育者自身がお手本となって根気よく伝えていくとよいだろう。

（星野）

3. 子どもの遊びとことば

(1) ことば遊び

　「ことば遊び」とは，いつでもどこでも楽しむことのできる遊びである。早口ことば，しりとり，さかさことば，回文など，ことばの音を利用したものや，なぞなぞのように，ことばの意味による遊び（パンはパンでも食べられるパンはなあに？　など）に分けられる。ことば遊びは，狭い空間でもできるので，バスや電車のなかで少し小さめの声で楽しむこともできる。お母さんや保育者とのスキンシップを増やしたり，ことばを豊かにすることにも

つながっていく。

ここでは，ことば遊びの具体例を紹介しよう。

3-13
お返事遊び （0歳児　9月）

「ななちゃん」と手拍子でリズムをつけて名前を呼ぶとうれしそうにニッコリとする。保育者が「はあい」と言いながら，ななちゃんの手をもちあげてリズムをつけながら返事をした。まだ「はあい」とは言えないが，何度か繰り返しているうちに，名前を呼ばれると手をあげてニッコリとするようになった。保育者が，「ななちゃん，お返事できたのね。すごいすごい。」と言うと，満足げにもう一度手をあげた。

0歳児では，まだ名前を呼ばれても手をあげたり，「はい」とことばで答えることのできない子もいる。リズムをつけてお返事遊びを楽しむなかで，少しずつ返事ができるようになったり，あいさつに興味をもつようになっていくよう援助していくのである。

3-14
いろいろな仲間あつめ （3歳児　5月）

保育者：「先生は，ピンク色のエプロンです。」「先生と同じピンク色の服を着ているお友だちはいるかな。」
ゆりちゃん：「はあい。スカートがピンク。りみちゃんもピンク。」
保育者：「そうだね。りみちゃんはピンクのカーディガン着ているのね。」「じゃあ，次は，青い服を着ているお友だちは誰かな。」
かなちゃん：「しょうたくん。」

2歳を過ぎる頃から色がわかるようになってくる。初めは好きな色だけをはっきりと認識し，次第にいろいろな色がわかるようになっていく。自分から「水色」と言うなど，アウトプットはむずかしいが，「水色はどれ？」と聞かれると指をさして答えることができるので，着ている服や帽子の色，保育室のなかにあるさまざまなものの色を遊びとして取り入れていくとよいだろう。同じように，三角，丸，四角，長四角などの「形集め」，5歳児以降からは，「海に住んでいるもの」「陸に住んでいるもの」など，ことばだけでなく，分類操作などの遊びを絵本や図鑑を利用しながら取り入れていくのも楽しい遊びである。

3-15
あたまとり遊び （5歳児　10月）

保育者：「じゃあ，あゆきくんのお名前かしてね。♪あ，あ，あのつく，あゆきくん♪」（カスタネットなどでゆっくりリズムをとりながら）
子ども：「♪あ，あ，あのつく，あめ（飴）♪」
子ども：「♪あ，あ，あのつく，アイス♪」
子ども：「♪あ，あ，あのつく，あひる♪」
子ども：「♪あ，あ，あのつく，あめ（雨）♪」

リズムにのせて，席順に進めていく。止まってしまったら，次はそのお友だちの名前を借りてあたまとりをしていく。4歳児頃から，ゆっくり考える時間をもうけ，あたまとり遊びを楽しんでいく。徐々に慣れたら，リズムに乗せゲーム感覚で楽しんでいく。語尾をとってことばをつくる「しりとり」より，あたまとり遊びの方が年少児にはわかりやすい遊びである。リズムにのせて，「しりとり」を楽しんでもよいだろう。ほかにもさまざまな遊びがあるので見てみよう。

ことば遊び	内容	対象年齢
一本橋こちょこちょ	「一本橋こちょこちょ」の歌に合わせて子どもとのくすぐりっこを楽しむ遊び。	0〜1・2歳
色さがし遊び	「黄色はどこかな?」と,色がどこにあるのか探す遊び。	2・3歳
音のクイズ	「クイズクイズ,どんなクイズ?」と歌って,「ころころころころ,何の音?」「おむすびころりん」など,擬音語のクイズを出す。ほかにも「にゃんにゃん,何の声?」など,動物の鳴き声などでも楽しめる。	擬音語なら4・5歳,動物の鳴き声なら2・3歳
早口ことば	発音しづらいことばを続けて正確にいうことば遊び。「しょうぼうじどうしゃ,きゅうきゅうしゃ,せいそうしゃ」「さるがさかさまにぶらさがる」など。ほかにも,「ミャンマー」を順番に1回ずつ増やして言っていく,など。	4・5歳
動物クイズ	「なぞなぞをだします。ヒントは3つです。①川のなかに住んでいます。②魚ではありません。③歯が丈夫で枝を使って上手に家を作ります。グループごとに発表してね。」など,友だちと数人で考え発表するという形式にして遊ぶ。	5歳
さかさことば,回文	とまと,しんぶんし,ぞうくんぱんくうぞ,わるいにわとりとわにいるわ,きつねはりきりはねつき,など子どもと一緒に考える。この際,導入に絵本などを使ってもよい。	5歳

(2) ごっこ遊び

　遊びとは,主体的で自由な活動を指す。子どもは遊ぶことで,身体・運動機能が高められたり,社会性が発達したり,知的発達が促されるといった効果が得られる。ピアジェによれば,遊びは知的発達にともなって,機能遊び,象徴遊び,ルール遊びへと変化していく。ここで取り上げる「ごっこ遊び」は,象徴遊びに分類されるものである。例えば,母親役を女児が演じ,父親役を男児が演じておうちごっこをする(ごっこ遊び),砂で作ったプリンを食べる

ふりをする，母親をまねてお化粧をするふりをする（ふり遊び），積み木やブロックを自動車に見立てて遊ぶ（見立て遊び），自分の家を積み木で作る（構成遊び）などのように，あるもの（人や物や動作）を別の何かで表現して（象徴して）遊ぶことである（福沢ほか，2012）。

　この象徴遊びは，子どもの心身の発達にともなって見られるもので，発達の指標としてとらえられてきた（竹内，1988）。しかし，象徴遊びは，発達そのものを促す効果があることも指摘されている（多田ほか，2009）。子どもたちが好んで行う「おうちごっこ」では，役割を決めることで，ときには自分の思いどおりにならないことを経験し，妥協やときには自分の意見を強く通すことを学んでいく。そして，場面（家の間取りや家族構成など）を思い描き，ことばを使って友だちと状況設定を行う（夏休みだから幼稚園はないってことね。男の子いないから，この家のお父さんは単身赴任ってことね，など）。そして，遊びのなかで他者の気持ちを理解したり予想したりしながら楽しく遊ぶための工夫が行われるのである。お店屋さんごっこでは，例えばお寿司屋さんになりきって，「へい，らっしゃい。」と威勢よく言ってみたり，ハンバーガー屋さんなら，「ハンバーガーとご一緒にフライドポテトはいかがですか。」と言ったり，その役になりきって，状況に応じて対応できるような力も身についていく。また，「お金を払ってものを買う」などの疑似体験も可能となっていくのである。

1）ことばとイメージ

　ことばを覚えていくにしたがって，ことばは思考の道具として内在化されていく。象徴遊びは，ふり遊び・見立て遊びとして見られるようになる。その前兆として，1歳くらいの子どもでも，空のコップを飲むふりをしたり，空のコップを傾けてこぼすふりをして保育者を驚かそうとすることがある。コップは飲み物を入れるものであることを理解し，「もし」飲み物が入っていたら，「もし」中身がこぼれたら，どんなことになるのか，予想を立てて保育者の反応を楽しもうとしているのである。2歳頃になると，葉っぱをお皿に見立てて砂を乗せ，保育者に「カレーライス，どうぞ。」と差し出したりしてくれる姿が見られる。保育者はもちろん，「おいしそう。」と言いなが

ら，食べるふりをする。すると，子どもも満足げに食べるふりをしてうれしそうに笑う。このとき，葉っぱは当然お皿の代理品である。代理品を使って遊ぶことは，知能がぐんと高まったことの証(あかし)であろう。同時に，本当に食べていないのに，食べているふりができるということは，「これはカレーライスの代わり」ときちんと理解していることになる。つまり，「うそっこ（空想したこと）」と「現実」の区別がついているということなのだ。

　3，4歳頃になると，友だちとことばを使ってイメージを共有する，本格的なごっこ遊びが始まる。ごっこ遊びで，お兄ちゃん役を演じるとは，自分をお兄ちゃんに見立てることである。お兄ちゃんなら，こんなときこういうふうに行動するだろう，こういうふうに言うだろう，こう思うはずなど，お兄ちゃんの立場になって思ったり行動していくのである。しかし，子どもの様子を見ていると，どうやらずっとお兄ちゃんになっているわけではなくて，ときには自分に戻っていたりすることもある。その結果，あるときは自分，あるときはお兄ちゃんのように行動することで，自分を客観的に見たり，自分ならこうするのに，お兄ちゃんならこうできるなど，やはり，うそっこ（お兄ちゃん）と現実（自分）の区別をつけながら自他の気持ちを理解したり，行動を予測する力を身につけていくのである。

　ことばを使うことで，イメージがふくらみ，たくさんの友だちとより大きなスケールでごっこ遊びを楽しむことができるのである。誰かと一緒にごっこ遊びを楽しむためには，役割やあらすじを決める，自分の考えを相手に伝える，相手の考えや意見を聞き，それが自分と違う場合には話し合って折り合いをつけなければならない。台本もないので自分でアドリブでセリフを考え，楽しく遊ぶ工夫が必要であろう。

事例 3-16 「ドリンクバーはいかがですか」（4歳児　6月）

　お砂場で女児3人がファミレスごっこをしている。ゆなちゃんとあいなちゃんは，お料理をつくるコックさん役，ののちゃんはウェイトレス役のようである。

ののちゃん：（保育者を見て）「いらっしゃいませ。何名さまですか。」
保育者：「一人です。」
ののちゃん：「こちらのお席はいかがですか。」
保育者：「ありがとうございます。メニューをいただけますか。」
ののちゃん：「はい，どうぞ。今日のおすすめはオムライスですけど？（はにかみながら）いかがですか？」
保育者：「いいですね。じゃ，オムライスください。」
ののちゃん：「はい。ご一緒にドリンクバーはいかがですか。」
保育者：「あ，それもください。」
ののちゃん：「ご注文のご確認をいたします。オムライスとドリンクバーひとつでよろしかったでしょうか。」
保育者：（よろしかったでしょうか？ということばが気になったが）「はい，お願いします。」
ゆなちゃん：「オムライスできたよ。」
ののちゃん：「ケチャップとかどうしよう？」
ゆなちゃん：「これは？」（と言って，スプーンに見立てた小枝でバケツのなかの水をすくってオムライスにかける。）
あいなちゃん：「セットのサラダもできたよ。」（摘んできた雑草を葉っぱのお皿に入れる。）
ののちゃん：「お待たせしました。オムライスです。」
保育者：「サラダ頼んでないんですけど？」
ののちゃん：「あ，オムライスにはサラダがセットでついてるんですよ。」（ニッコリ笑う。）
　保育者は，「ごちそうさま。」といって，お会計をして遊びから抜けていった。この後も，いろいろな料理をつくり，食べあいっこしていた。

2）　環境とイメージ

　ごっこ遊びをするなかで，環境はとても大切である。棚で区切った空間があったりすると，例えば，お店屋さんごっこのように，それぞれのお店屋さ

んのスペースが確保できて，遊びが発展しやすくなる。お店屋さんごっこに必要なものは何か。ここでは，必ずしも「リアルなもの」が必要なのではなく，あくまでも子どもたちが自由に想像して，見立てて遊ぶことのできる「小道具」が大切なのである。品物を並べる棚（段ボールなど），レジで品物を入れるビニール袋など，また売り物を作る過程ではチラシや新聞紙や折り紙，カップ麺の空き箱や食品トレー，空き箱，毛糸の切れ端，アイデア次第でどんなものでも遊びにつなげていくことができる。

3-17 役になりきる−病院ごっこ　（4歳児　9月）

病院ごっこが始まり，保育室とテラスとを忙しく行き来する。
ふうちゃん：「ベッドできたよ，病気の人いませんか。」
まみちゃん，りえちゃんが床に伏せ，目を閉じる。
はるきくん：「いました，発見。救急隊出動要請願います。」
ふうちゃん：「ちょっと，病気の人，一人しか運べないんですけど。」
りえちゃん：「じゃ，わたし，病院の人になる。」
ふうちゃん：「ありがと。あ，倒れてる人がいます。あのままじゃ病院に来られなくて大変です。」
はるきくん：「救急隊出動要請願います。」
ふうちゃん：「大丈夫ですか。苦しくないですか。」
まみちゃん：「うう，苦しい。」
ふうちゃん：「注射もしますから，しばらく眠ってください。まだ病気の人，いませんか。」
ゆいちゃん：「あそこ，あそこにけがの人が。」
りえちゃんが松葉杖をつくような恰好をして歩く。周囲に幼児が集まり，「大丈夫ですか。」「もう少しですから，がんばってください。」と付き添ってテラスの病院まで誘導する。

3. 子どもの遊びとことば

 3-18
役になりきる−おうちごっこ （5歳児　6月）

　女児7名がおうちごっこを始める。お母さん役はななちゃん，お姉さん役はここちゃん，ほかの子どもは飼犬役である。犬役はキャンキャンとしかことばにせず，ななちゃんとここちゃんは役に扮し，遊びの場面や状況の設定をことばで伝えながら遊びを進める。

ななちゃん：「ここはワンちゃんが遊ぶところってことね？　ワンちゃんたち，お散歩に行きましょ。行って帰ってくるってことね。」（と言って，遊戯室をみんなで走りまわり，テラスへ出る。）
ななちゃん：「遊戯室は，ドッグランってことね？」
ここちゃん：「そうね。ワンちゃんたち，たくさん走れる場所ってことね。」
犬役：「キャンキャン」（笑顔で鳴き，ななちゃんとここちゃんを引っ張る。）
ななちゃん：「まあ，また行きたいの。しかたないわね，あと1回だけよ。」

 3-19
役になりきる−海賊 （5歳児　10月）

　園庭にある高床式の木製小屋の壁面を保育者と幼児とで取り払い，自由に用いようとしている。

りくくん：「なんかさあ，ここ海賊船みたいだよ……。ねえ，船長がさ，撃てーって言ったら，子分がアイアイサーって言うとか。」
ゆうとくん・だいとくん・しゅんくん：「アイアイサー。」
りくくん：「敵だ，りょうたを撃てー。」（虫取りをしているりょうたくんを見つけ指さす。）
ゆうとくん・だいとくん・しゅんくん：「アイアイサー，ドーン。」
りくくん：「もっと敵はいないか。」
ゆうとくん・だいとくん・しゅんくん：「アイアイサー。」

　ごっこ遊びでは，生活のなかで見聞きした情報やことばを役になりきって，

役にふさわしい振る舞いや言いまわしをすることで実現できる楽しさがある。

　幼児は，生活のさまざまな場面で見聞きした情報を積極的に取り入れて表現を豊かにしたり，遊びの進め方に変化をつけ，工夫を楽しんでいる。保育のなかでは，ヒーローごっこのような典型的な遊びだけではなく，自然にさまざまなごっこ遊びが生まれ，展開されるような環境を提供したい。幼児の自由な発想をうまくとらえて，さらにイメージが広がるような場（保育室を椅子で区切ったり，布で仕切りを作ったり）や遊具，また小物（画用紙や折り紙，空き箱や毛糸など）を提供することや，ことばによる援助が不可欠である。子どもの様子をよく観察し，展開に行き詰まっているようなときには発想を妨げない程度に新しい提案をするとよいだろう。保育者がなかに入る場合には，イメージを妨げないよう，子どもと同じ目線で一緒になって楽しむことが大切である。遊びから抜けるときも「ちょっと，牛乳買いに行ってくるね。」などのように，役に応じたことばかけをすることで遊びを中断させないような心配りが必要である。

（星野）

(3) 劇遊び

　ここでは，2年保育4歳の子どもたちのごっこ遊びから劇遊びへと発展した事例を中心にして，劇ごっことは何か，劇遊びの指導はどのようにしたらよいかについて考えてみたい。

**3-20
どこでもドアごっこ　（2年保育4歳児　1月）**

　冬休みを終えて登園したこうきくんなどが，ピンクの巧技台の枠を立て「どこでもドアだ！」とくぐって遊び始める。こうきくん「どこに行こうかな？　そうだ，南極！」と言い，くぐると「寒い，寒い。」と震えるまねをする。だいちくんは「南極って，氷があるんだよね。寒いね。」と同じように震える。ペンギンだと言っては，手を腰に当てヨチヨチ歩く。スケートができると言うと，滑るまねをする。さらには，白熊がいる，氷を開けて魚を釣ろうと，い

ろいろなイメージが出る。
　その姿を見たほかの子どもたちも遊びに加わってくる。ジャングル，ハワイ，遊園地，ニューヨークと思いつく場所を言っては，くぐり，動物になったり，フラダンスを踊ったりする。しかし，ニューヨークと言ったものの，どうしたらよいか悩む。「自由の女神」と言って，手を掲げるだけで，ことばも動きもないため，だんだん出なくなっていった。

　園のピンクの巧技台の枠を「どこでもドア」に見立てることから，ごっこ遊びが始まる。冬休み中のテレビや映画の影響もあり，ほかの子どもたちもイメージを共有する。「どこでもドア！」と唱え，枠をくぐり抜け，現実とは異なる世界に行ったつもりになり，その世界にふさわしい動きを友だちと一緒にすることを楽しんでいる。
　南極に白熊がいる，氷に穴を開けての釣りはワカサギ釣りであろうか，正確ではない情報もあるが，寒いところ，氷の世界からさまざまなイメージを出し，つもりになって遊んでいる。しかし，ニューヨークのように，どのように表現してよいかわかりにくい場所は，次第に出てこなくなった。

　２月の生活発表会に向け，保育者は，何の劇遊びをしようか悩んでいたが，子どもたちが楽しんでいる「どこでもドアごっこ」を発表会で行おうと考え，クラスの子どもたちに，「お話をつくってみよう」と投げかけた。

3-21
みんなでお話を考えよう （２年保育４歳児　１月）

　まずは，「『どこでもドア』でどこに行こうか？」の投げかけに，「南極」「ジャングル」「ハワイ」と口々に言う。りなちゃんが「ハワイって言うんだけど，鬼が島に行っちゃうのどう？」と言う。みんなは「いいね，いいね。」と賛成する。りなちゃんは続けて，「何か寒くてさー，変だなって思ってると，鬼が出てくるの。見つかったら，食べられちゃうから，急いで園に戻ってきて。豆

と柊(ひいらぎ)持ってさ，鬼をやっつけに行くの。」と言い，また，みんなは「いいね。」を繰り返し，「宝持って来よう。」などと言う。
　「どうして，園にどこでもドアがあって，鬼が島に行ってしまうのか？」と働きかけると，「未来デパートの人が，間違って持ってきちゃうのは？」「取り返しにくるんだけと，『一日だけ貸して』って言って，貸してもらうのは？」「ちょっと壊れていて，間違って鬼が島に行っちゃうの。」「でも，鬼やっつけて，宝取って，最後は，ハワイに行って，めでたし，めでたし。」というストーリーができあがり，「いいね，いいね。」と共感する。

　クラスの子どもたちがかわるがわる，好きな遊びのなかで「どこでもドアごっこ」に参加していたため，共通のイメージをもち，経験をしていたことから，思いをことばで表せている。りなちゃんの，間違って鬼が島に行ってしまうという発言によって，ストーリーに起承転結が生まれ，盛り上がっていく。鬼に見つからないように園に戻る，鬼をやっつけるなど，ハラハラ，ドキドキ感を共感し，自分たちのつくり出す物語の世界を楽しんでいる。
　保育者は，共通理解を図りながら，ストーリーの展開を確認しながら，記録をする。あくまでも，保育者のメモであって，台本ではない。子どもたちは自分たちがつくったストーリーなので，よくわかっている。役はすぐに決めず，いろいろな役になって遊ぶことにした。

事例 3-22 いよいよ劇遊びに……　（2年保育4歳児　2月）

　クラスのみんなで，ストーリーに沿って動く。ペンギンのヨチヨチ歩き，スケートのような滑り，猛獣に襲われ必死に逃げる動き，抜き足差し足の歩き方など，みんな，役になりきって動いている。動物の耳や尾，鬼のパンツなどを，画用紙やカラーのビニール袋で作って，身につけると，さらになりきる。ところが，動きはいいが，ことばがなかなか出ない。
　「お話をしないと，何をしているのか見ているお母さんたちはわかるかな？」

と聞くと…。「『ペンギンだ。かわいいね。一緒に遊ぼう』とか，言えばいいんじゃない。」と言う。「鬼は『なんか人間のにおいがする。ジロジロ，う〜ん。いないな。気のせいか。酒でも飲むか。うまいなー。あー，眠くなった。』とか言うの。」と口々に言う。思ったことを言うこと，なかなか言えない子も一言は言おうということになった。

　ジャングルの岩やハワイのヤシの木などの大道具を子どもたちと作り，作っては遊ぶ。保育者はBGMの曲を編集し，発表会に向けて準備をする。遊ぶうちに，保育者が未来デパートの店員にされる。取りに行くと，「一日だけ貸して，お願い。」と言っていたと思うと，別の日には，「あなたが間違えたんでしょう。貸してくれたっていいじゃない。」と切り返され，あわてることもある。

　発表会の数日前に，講師を招いて研究保育をすることになった。講師をお客様に「どこでもドアの冒険」の劇を見せることにした。場面に応じた役に早変わりすることもスムーズで，役になりきった動きは相変わらずよい。ことばもだいぶ出るようになった。終わった後に，子どもたちを集め，「よかった。でも，まだ声の小さい人やお尻を…（向ける人がいる）」と言いかけた途端，講師が声をさえぎり「とてもよかったから，このまま，お父さん，お母さんに見せてあげてね。喜ぶと思うわよ。」と言った。

　なぜ，講師が，保育者のことばをさえぎったのであろうか。それは，劇遊びのねらいである，役になりきることを十分に楽しんでいたからである。保育者が指導しようとした，大きな声ではっきり言うこと，お尻を向けないことなどの指導は，幼児にとっては高度なことであり，そのことを意識させすぎると，なりきって遊ぶ楽しさが味わえなくなってしまうからである。

　幼児期の劇は，小学校以上の劇とは異なり，劇遊び，劇ごっこであることを理解する必要がある。見せることよりも，子ども自身が，物語の世界に浸り，役になりきって動いたり，話したりすることが何より重要なのである。そして，練習ではなく，遊びであり，台本によるセリフではなく，アドリブの世界である。未来デパートの店員に対し，日によって言うことが違うのは，その表れである。繰り返し練習をすれば上手になるものではない。かえって，

テンポが速まり，おもしろみのない劇になってしまう。

　劇遊びのきっかけは，本事例のような動きから入るものと，ことばから入るものがある。例えば，絵本の「おおきなかぶ」の「うんとこしょ，どっこいしょ」のようなことばである。動きから始まったため，ことばが出にくかったようだ。

　子どもの遊びや活動は総合的であることから，領域「言葉」以外のほかの領域とも絡まり合っている。『幼稚園教育要領解説』（文部科学省，平成20年7月）の領域「表現」の内容や内容の取扱いでは，「幼児の表現は，率直であり，直接的である。大人が考えるような形式を整えた表現にはならない場合や表現される内容が明快でない場合も多いが，教師は，そのような表現を幼児らしい表現として受け止めることが大切である」（p.145）と示されている。このように，子どもの表現は素朴なものである。さらに，「特定の表現活動のための技能を身に付けさせるための偏った指導が行われることのないように配慮する必要がある」（p.146）と示されている。講師の指導のように，幼児期の発達以上のものを求めることは，望ましい指導とはいえないのである。

　衣装を身につけたり，大道具や音楽があることで，子どもの表現を引き出すことができるメリットがある。しかし，見栄えのために，華美にすることではない。

　客にお尻を向けることが気になるのであれば，円形劇場にすると効果がある。円形劇場は，劇場の原型である。また，発表会前に，保護者参観を行うことで，どのような過程で取り組んでいったかを保護者に知らせ，幼児期の劇あそびについて理解を求めることができ，有効である。　　　　　　　（東川）

4.「聞く」ことを通した体験

(1) 友だちの思いを感じる

　幼児期のことばは，保育者との信頼関係を基盤に，子ども同士の気持ちの伝え合いを通して広がっていく。しかし，子ども同士のやり取りでは，対話

4.「聞く」ことを通した体験

としてかみ合わないことがしばしばある。

 3-23
「きいてる？」（3歳児　1月）

　先月から子どもたちが好きでよく口ずさむ曲の「山の音楽家」。動物たちが楽器を演奏する場面の歌詞になると，自然と楽器を奏でるようなしぐさが遊びの最中にもよく見られる。ゆうきくんがブロックで長い橋のような車を作っているたかやくんに近づいてきて「なに，つくってるの？　いっしょにあそぼう！」と声をかける。たかやくんはブロックから目を離さず「いいよ！　ぼく，ながいくるまつくるの。」と答える。ゆうきくんはしばらくその様子を見ていたが，何か思い出したように別のブロックを出す。たかやくんに「ぼくが，たいこをつくってあげるね！」と言い，少し細長くつなげる。たかやくんもゆうきくんも「山の音楽家」を小さいハミングで歌いながら作っている。ゆうきくんは，「ねぇ，ねぇ，たかやくん！　たいこできたよ！」と細長くつなげたブロックをたかやくんに差し出す。たかやくんは車にするためのタイヤが一つ見つからず困っていたようで，ゆうきくんには見向きもしない。「ねぇ，きいてる？たかやくんのたいこだよ。たかやくんのだよ。」と何度も言うが，返事がない。ゆうきくんは今度はブロックを平らに広くつなげ，ピアノを弾くまねをする。「山の音楽家」に合わせてウサギになりきりピアノを弾く。歌の声が大きくなると，たかやくんが作った太鼓を持ち上げ，「これ，たいこ？」「たいこは，こんなにながくないよ！」と言い，細長いブロックを半分切り離し，太鼓を打つまねをする。「山の音楽家」に合わせゆうきくんが作ったブロックの楽器を鳴らす。二人とも笑顔がこぼれる。

　車を作りたいたかやくんの思いと，一緒に遊びたいゆうきくんの思いがうまくかみ合わない。なかなか答えてくれないたかやくんに対し，「ねえ，きいてる？」と必死に声をかけるゆうきくんの姿から，気持ちを伝えたい思いが伝わる。「聞く」ことは，「自分の気持ちを聞いてほしい」という相手の思いを感じることから始まる。3歳児の遊びの場面では，友だちの思いに気づ

くこと，思いを感じることができない場面も多い。保育者は，「ゆうきくんはたかやくんに聞いてほしいことがあるんだって。」など，友だちに思いがあることを伝える援助をすることが，ときに必要であろう。他者の感情や思いを具体的に理解する力は4・5歳になって獲得されていくが，その過程には，まず，相手に思いがあることに気づく段階がある。気持ちの伝え合いは，伝える力とそれを受け止め，聞く力が合わさってこそ成立する。気持ちの伝え合いができたとき，自然と笑みがこぼれ落ちる。そのような体験を通して，子どもたちは「聞く」ことの大切さに気づいていくのである。

(2) 友だちの思いに心を寄せる

目的意識をもって遊ぶことが増えてくる4歳児になると，自分の思いやイメージを相手に伝えて遊びを共有しようとする姿が見られる。しかし，遊びのイメージが友だちと一致しないことも出てくる。

事例 3-24
「あのね，あのね。」（4歳児　6月）

友だちのひとみちゃんが登園するのをクラスの入り口で不安そうに待っているありさちゃん。ひとみちゃんが上履きを履いて廊下を歩いている姿を見て，ようやく安心したように笑みを浮かべる。

ありさちゃん：「ひとみちゃん，おそとであそぼう！　ずっーと，まってたんだよ。」
ひとみちゃん：「ありがとう！」
ありさちゃん：「おそと，いこう？」
ひとみちゃん：「えっー？　おそと？」
ありさちゃん：「きのうのレストランごっこのつづきやろうよ！」
ひとみちゃん：「おそと，いや！！」
ありさちゃん：「やろうよー！」
ひとみちゃん：「あのね，あのね…，このまえね，ここ（太ももを見せる）さされたんだよね。あのね…，こどものちはね，おとなよりあまいんだよね。だ

から，さされるんだよ。」
ありさちゃん：「わたしも，かはイヤ！！」
ひとみちゃんもありさちゃんも「キャー」と叫びながら笑う。
ありさちゃん：「じゃ，どうする？」
ひとみちゃん：「うんとね…，おへやでやる？」
ありさちゃん：「えっと…，（少し考え込んで）そうね。メニューもつくらないと…」

　ありさちゃんは自分の思いを一方的に通そうとするのでなく，ひとみちゃんが言いたいことを言い終わるまで待ち，ひとみちゃんの思いに心を寄せ，ひとみちゃんも自分も楽しく遊ぶやり方を見つけようとしている。
　何気ない子どもたちの会話のなかで飛び交う，「あのね，あのね」「うんとね…」「えっと…」ということばは，「まだ伝えたいことがある」ことを示すサインである。そのようなことばを使いながら自分の気持ちを表現できる話し手と，相手の気持ちに心を寄せて聞くことができる聞き手がいてこそ伝え合いは成立する。保育者は，遊びや活動のなかで集団としての伝え合いの雰囲気がつくられるよう配慮しなければならない。

(3) 聞いてもらった体験
　自分の気持ちを相手に伝え，そのことばが受け止められたことを感じたとき，伝え合う喜びを感じる。相手の話が聞けるためには，聞いてもらった体験が重要である。

3-25
「やった，うみだ！　よかったね！」（3歳児　9月）

　自分で作った魚や，チラシの紙をまるめて作った竿で，魚釣り遊びを楽しむ子どもたちが増えている。身支度を終えたたいようくんは魚釣り竿の棒作りに取りかかる。

たいようくんは,「せんせい,これでいいの？ ねえ,いいの？ うまくできないよ！」と紙を細くまるめることができないのがくやしいかのように話す。担任の保育者は,「細くて丈夫なのを作りたいの？ 先生と一緒にやろうか！」と声をかけ,たいようくんの背中から両手をまわしチラシの紙を細くまるめていく。「ゆっくりでいいのよ。棒をまるめると長くなるから,真ん中にあった手を少しずつ両端に動かすといいよ。」と声をかけながら両手の位置をずらす。たいようくんは,「こう,こう？」と確認をしながら棒をまるめていく。完成した竿を見せながら,「ぼく,カッコよくしたい！」と言い,青いテープで棒を巻き始める。竿を作り終えたらすぐさま魚釣り遊びを始めたいのか「せんせい,おさかな,いっぱいつくって！ いっぱい,いっぱいがいいの！」と,せかすように言う。保育者は,「たいようくんはいっぱいがいいのか。どのぐらいかな？」と声をかけながら紙を魚の形に切る。たいようくんは,「いっぱいつっていれるの！」と大きな声で答える。保育者が「お魚がいっぱいいるところで釣らないといけないね！ お魚はどこにいっぱいいるのかな？」と聞くと,「うみ！」と元気よく答が返ってくる。「お魚と一緒に,お魚がいっぱいいる海も作る？」と保育者が聞くと,「うん。うみがいい,うみがいい！」と答え,まわりで竿や魚を作っている子どもたちに「うみ,つくるんだよ！ぼく…」とうれしそうに話す。横にいたひなちゃんが,「やった！ うみだ！！ よかったね！」とたいようくんに声をかける。たいようくんは大きな声で「うん。」とうなずく。

　たいようくんは,竿を作りたい思いが強く,「これでいいの？ ねえ,いいの？」「こう,こう？」など何度も聞く姿がある。保育者はたいようくんのことばに対し,「細くて丈夫なのを作りたいの？」「ゆっくりでいいのよ。」とやさしく声をかけながら援助している。子どもの作りたい思いを受け止め,それが実現できるように具体的なことばを添えながら援助することで,子どもの次の思いが発せられる。保育者は,「お魚がいっぱいいるところで釣らないといけないね！」「お魚がいっぱいいる海も作る？」と,子どものことばからイメージをふくらませてこたえていく。思いを伝えたことばが保育者

に聞き届けられ，ことばにならない思いまで受け止められる。保育者の「海も作る？」という誘いは，自分の思いを受け止めてくれたことばとして，たいようくんの心に響いたであろう。また，たいようくんのうれしさに共感するかのようなひなちゃんの「よかったね！」という声かけは，子ども同士の心の響きを伝え合う姿であるといえる。

　子どもの話を「聞く」ことは，その思いを受け止めることである。子どもは保育者の応答的なかかわりによって，安心して自分の思いをことばで伝えようとする。さらに，保育者が子どものことばを拾って遊びが展開できるような働きかけは，子どもの遊びを支えることばとなる。

(4) 積極的に聞こうとする態度

　「聞く」力は育てるものである。ときに保育者がそのモデルを示しながら，「聞きたい」という意志をもって積極的に聞こうとする態度を育てることが大切である。

3-26
「なっとうごはん，おいしいよ。」

　話すことが好きなあいちゃんは，じゅんちゃんと仲よしである。いつも聞き役のじゅんちゃんはおとなしく，口数は少ない。二人は砂場でままごと遊びをしている。
あいちゃん：「これつくった。」「おいしいよ，たべて。」
じゅんちゃん：（もくもくと作っている。）
保育者：「じゅんちゃん，なに作っているの？」
じゅんちゃん：（笑顔でほほ笑むだけ）
あいちゃん：「じゅんちゃんはね…」と話し始める。
保育者：「じゅんちゃんのお話，きこうよ。」
じゅんちゃん：（しばらく，もくもくと作っている。）「はいどうぞ。」とお茶碗を保育者に差し出す。
保育者：「何かな？」

> **じゅんちゃん**：「なっとうごはん，おいしいよ。」
> **あいちゃん**：「わたしも，なっとうごはん，だいすき。」

　じゅんちゃんは自分なりのイメージをもって遊びを楽しんでいる。じゅんちゃんは話すことが苦手なのではなく，話し始めるまでに時間がかかるのである。気が合うあいちゃんとは仲よしだが，自分のイメージをすぐに言語化できるあいちゃんのペースで遊んでいることが多く，いつの間にかあいちゃんばかりがおしゃべりをして，じゅんちゃんは黙ってあいちゃんの遊びについていくような姿がよく見られた。それが二人の遊び方になっているのであったが，保育者は，「相手が話してくれることを聞く」だけでなく，「聞きたい」という意思をもって積極的に聞くことで友だちの気持ちがわかることを，モデルとして示しながら援助している。そのような保育者の姿を見たあいちゃんは，自分から聞くことでじゅんちゃんの気持ちがわかること，そしてそれによって遊びが楽しくなることを感じたであろう。このように，受け身でなく，積極的に相手の話を聞くという体験を通して，子どもたちは「聞く」ことの楽しさに気づいていくのである。

（金・玉瀬）

5.「話す」ことを通した体験

　家庭では，親，兄弟などの少人数のなかで話すことが多い。園では大勢のなかで話をすることがある。子どもにとって，みんなの前で話すことは，大人の思う以上に緊張し，勇気のいることである。
　事例を通して，どのような援助が大切であるか考えたい。

3-27
「はい」と返事ができない　（3歳児　4月）

入園式の式次第のなかで，入園児の紹介があり，担任から名前を呼ばれると「はい」と返事をすることになっている。「はーい」と元気よく返事をする子もいるが，この一言が言えない子が少なくない。「はい」とささやくように言う子，目は合うが声の出ない子，コックリとうなずくとすぐに下を向いてしまう子等々である。一人一人の様子を，担当保育者はとらえながら，「『はい』って言ったのね。先生，聞こえたわよ。」「目でお返事してくれたのね。」「『はい』ってうなずいたのね。」と，微笑みながらことばをかけていく。

　自分の名前が呼ばれ，一言「はい」と返事をする。一見，簡単そうに思えるが，初めての入園式で多くの人に囲まれ，日常の雰囲気と大きく異なるなかでは，不安や緊張感が高まると，その「はい」の一言が，子どもにとっては，容易なことではない。
　担任は，子どものしぐさから，言おうとしても言えない思い，不安な気持ちを受け止め，「はい」としっかり言ってはいないが，「返事をしている」と受け止めている。この保育者のことばかけにより，子どもたちは，先生はわかってくれたと感じ，信頼関係を築くきっかけとなっていく。

3-28
初めての誕生会　（2年保育4歳児，3歳児でも可　4月）

　誕生児は王冠をかぶって登場し，巧技台の舞台に上がる。ほかの子どもたちは，誕生児と向き合うように座り，拍手で迎える。
　自己紹介のインタビューを受けると，5歳児は「すずき　けんたです。4月10日に生まれました。6歳になりました。」と，語尾に「です」「なりました」をつけ，ゆっくりと，大きな声でハキハキと答える。
　一方，4歳児は「たなか　りょう」と早口で言い，背を向けてしまう。「何歳になりましたか？」と聞かれると，「5」と片手を広げて出す。

園長先生から，誕生カードをいただくときは，5歳児のケンタは両方の手で受け取り，「ありがとうございます。」と言う。4歳児のリョウは横を見ながら，片手で誕生カード取ろうとする。

　5歳児の子どもは，これまでの経験，特に修了式の修了児の姿から，みんなの前で話すときは，語尾に「です」などとつけること，大きな声ではっきり言うことを意識して取り組もうとしている。また，話し方だけでなく，話すときの態度も意識して，しっかり立とうとしている。

　入園したばかりの4歳児は，みんなに注目されることから，早口になったり，照れて後ろを向いたりすることがある。そのことを予想し，事前に何を言うのか知らせたり，そばに寄り添ったりするなどの配慮が必要となる。

　緊張の場面であるが，それを乗り越え，話し方や話す態度にも気をつけて，みんなの前で話すことになり，それが自信につながって大きく成長した姿を感じ取ることができるようになる。

3-29 冬休みの経験をみんなの前で話す （4歳児　1月）

　3学期が始まり，冬休みに経験したことを発表する場を設ける。

　アヤは，「お正月に，おばあちゃんちに，パパとママと，マヤちゃん（妹）と行って，おせち食べたの。」と話す。「おせつ？」と聞き返す子がいるので，保育者は「おせち料理，知ってる？」と聞く。「知ってる。」「箱のなかに入ってるの。」など，口々に言う。「そう，お重箱っていう，箱のなかに入ってるのね。」と言う。アヤは続けて，「おせちの伊達巻ときんとんが好きなの。甘いから。」と話す。保育者が「伊達巻ってわかる？」と聞くと，「卵焼きみたいの。」「ぐるぐるってなってるの。」と言う子がいる。

　続いて，ユウマが「お正月に，みんなで神社に行って，お金ポンと入れて，パンパンって手をたたいて，お祈りした。」と，身振りをつけながら話す。さらに，「お金もらって，おもちゃ買った。」と言う。保育者は「初詣に行ったのね。」

> 「お年玉のことかな？」などと言うと，子どもたちも「わたしも（初詣に）行った。」「ぼくは（お年玉に）紙のお金もらった。」「（お年玉）貯金してる。」などと言う。

　夏休み明けは，みんなの前で話をすることがまだむずかしいので，保育者が聞き取りをし，それをみんなに知らせるような方法をとってきた。また，夏休みの経験は，海に行った，山に行った，キャンプをした，花火をしたなど多様である。そのため，花火といっても，手持ち花火なのか，打ち上げ花火なのか，花火大会に行ったのかによって，イメージが異なり，友だちの話に共感しづらいこともある。

　4歳児も後半になると，かなり自分の思いがことばで表せるようになり，みんなの前で話すことができるようになってくる。「おもちゃ買った。」「お金もらった。」と，助詞が欠落し，二語文程度のこともあるが，誰と，どこで，何をした，どんな気持ちだったということを話そうとするようになってくる。4歳児なりに，聞いている相手に伝わるように話の組み立てを考えようとしている。このことは，思考力の芽生えにつながっていく。

　正月は，お雑煮やおせち料理を食べる，初詣に行く，お年玉をもらうなど，日本文化にふれ，似たような経験をしているため，自分の経験を思い出しながら共感し，集中して聞くことができるようになる。

　また，おせち料理，初詣，お年玉などの，日常あまり耳にしない新しいことばにふれ，自分も使ってみようとするようになる。このような，新しいことばや表現にふれ，これらを使う楽しみを味わえるようにすることは，今回改訂された幼稚園教育要領等の領域「言葉」の「内容の取扱い」に新たに加わったものである。

　当番活動の引き継ぎや誕生会などの行事の司会では，ある程度決まったことばをみんなの前で言うことがある。

3-30
当番の引き継ぎ （4歳児　10月）

　昼食の際のテーブルをふくという当番活動を始めた。そして，降園時に，今日の当番の子どもが当番表（1枚の紙に一人の名前を書き，グループの子どもの分をリングでまとめ，壁にかけられている）をめくり，明日の当番の子どもを紹介する。「パンダグループです。明日のお当番は，やまだ　ななちゃんです。」と言う。紹介されたななちゃんは「はい。」と言い，手をあげる。

○やまだ　なな

誕生会の司会 （5歳児　4月）

　5歳児になると，誕生会の司会をする。緊張しながら，司会者の台に立ち，礼をしてから，「これから，4月生まれのお誕生会を始めます。」と言う。誕生会の司会のことばにはほかに，「誕生日のお友だちが入場します。」「園長先生のお話です。」「誕生日のお友だちの紹介です。」などがあり，かかわりを分担して言う。
　司会者として，役割を意識し，礼をする，真っすぐに立つ，はっきりと言うなどの，話し方や話す態度にも気をつけるようになる。

　当番の引き継ぎ，誕生会などの司会は，代表でみんなの前で話すため，注目をあびて緊張するが，誇らしいことでもある。その場を通して，話し方，話す態度も身につけていく。
　決まったセリフを言うときは，暗記して，正しく言おうとするあまり，「明日の（↗）お当番は（↗）ヤマダ　ナナちゃんで〜す（↗）」と，間があいたり，語尾を上げたり，のばしたり，不自然な抑揚をつけたりする話し方になりやすい。自然な話し方でよいことに気づくよう働きかけることが大切であろう。
　また，決められたセリフをただ言うのではなく，場に応じたふさわしいことばを考えて，加えることが大切であろう。例えば，「明日」が土曜日の場合，明日とは言えない。2連休であれば，「明々後日(しあさって)」となるが，4歳児にはむ

ずかしい。その場合,「次の」や「今度の」と替えてよいのであり,「ヤマダナナちゃんです。」で終わらず,「よろしくお願いします。」「がんばってください。」とつけ加えてもいいのである。

　誕生会の場合でも,次第になれてくると「これから,4月生まれのお誕生会を始めます。みんなでお祝いしましよう。」とか,「園長先生のお話です。しっかり聞きましょう。」などと,獲得したことばをさまざまな場に応じて,使いこなすことが大切であろう。

 3-31
心の天気の時間　（5歳児　9月）

　5歳児の保育者は,太陽,雲,雨のペープサートを作り,「心の天気の時間」として,その日にあったことを発表する場を設けている。

　はじめに手をあげたのは,えりちゃんだった。えりちゃんは指名されると,太陽のマークのペープサートを取り,「今日は,プールでたくさん遊んで,楽しかったです。水の中で目を開けたら,ボワボワって見えておもしろかったです。」と話す。

　担任の保育者は,えりちゃんの話を受け止め『楽しかった』『おもしろかった』から,太陽のマークなのね。」と言い,ペープサートの裏に,それらの文字を書く。

　次に手をあげたのは,よういちくんで,雨のマークのペープサートを取る。みんなは意外な顔をし,よういちくんの顔をのぞきこむ。よういちくんは深刻な顔をして「今日,プールに入ったじゃない。ぼくは向こう側まで泳いでタッチしたかったけど,何度もやったんだけど,だめだった。悔しかった…」と話す。ほかの子どもたちは,うんうんとうなずきながら聞いている。

　同じように,担任の保育者は,「挑戦して何度もやったけど,『だめだった』『悔しかった』のね。だから,雨マークなのね。」と言い,書きとめる。

　太陽マークは「楽しい」「おもしろい」「うれしい」「よかった」「いい気持ちだった」などが書かれている。雨マークは「だめだった」「悔しかった」「つ

まらなかった」「嫌だった」「変だと思う」と，雲マークには「恥ずかしかった」「なんだかよくわからなかった」と書かれている。子どもたちが，ペープサートを持って話したときの感情を表現することばを拾い，書きとめているのである。太陽，雨，雲の天気予報のマークのペープサートを活用することで，感情をことばで表すきっかけとなっている。

今回の幼稚園教育要領等の改訂で，「言語活動の充実」が示されたが，この「言語活動の充実」は小学校以上の教育では，前回の改訂以来重視されているものである。『言語活動の充実に関する指導事例集～思考力，判断力，表現力等の育成に向けて～ 【小学校版】』（文部科学省，2011）では，言語活動の指導の在り方と留意点のひとつとして，「コミュニケーションや感性，情緒に関すること」がある。そのなかに，「感じたことを言葉にしたり，それらの言葉を交流したりすること」があり，次のように示されている。「『わぁー，すごい』という言葉だけで感情表現をするのではなく『何が』『どのように』『すばらしい』のかについて，具体的な表現を用いて，相互に伝え合うことにより，より細やかな感性・情緒を実感するようになる」とある。感性・情緒に関することばを知ることは，感情が分化されるという幼児期からも大切になるのではないだろうか。

今回改訂された幼稚園教育要領等では，新たに加わった言語活動の充実の項目のなかで，言語に関する能力の発達が思考力の発達と相互に関連していると示されている（3　指導計画の作成上の留意事項(3)）。さらに，保育者自身が豊かな言語環境となることを自覚し，子どもの身近なモデルとなるようにと示されている。近年，「ヤバイ」「ムカツク」ということばだけで表現する若者が少なくない。小学校の学習指導要領解説では，「言語感覚とは，言葉の使い方の正誤，適否，美醜などの感覚のことである」と示されている。保育者を目指す者は，自分の発する言語の美しさ，正しさを意識することが大切である。

（東川）

6. 書きことばが伝える世界

　話しことばとは，音声言語であり，日常会話に用いることばである。そのため，録音に残さないかぎり，その場で消えてしまい，形に残ることはない。書きことばとは，文字によることば，文章に用いることばである。文字で書くことにより視覚にも訴え，時を超えて残り，読み返すことができる。そして，読み手が代わっても伝わっていく。

　文字を書くことにより，他者に何が伝わるのか。文字の機能について，『幼稚園教育要領解説』(文部科学省，平成20年7月)によると，次の3つがあると示されている。①名前などのように所属や所有を示すこと，②看板や値札のように内容を表示すること，③書物や手紙などのように著者の意志を伝達すること (p.129)，である。

　事例を通して，どのような機能が働いているか，考えてみたい。

(1) 手紙を書く

3-32
まみちゃんへの手紙 （2年保育4歳児　6月）

　降園後，保育室を片づけていると，小さく折った紙を見つけた。そこには，「まみちゃんへ　ぼくんちにあそびにこないか　たくと」と書いてあった。どうやら，たくとくんがまみちゃんに出した手紙のようだ。

　翌日，たくとくんの母親に聞いてみると，父親の転勤が決まり，6月末に転園することになった。最後に，大好きなまみちゃんに家に来てほしく，前日，母親に文字を聞きながら，手紙を書いていたことがわかった。たくとくんはまみちゃんに渡したようだが，まみちゃんがカバンのなかに入れ忘れたのか，落としてしまったようである。

　たくとくんの退園の日，クラスのみんなで絵を描いてプレゼントすることにした。ほかの幼児は，絵を描くと，「先生，たくとくんに，『げんきでね』って書いて。」「ぼくは，『あそびにきてね』って書いて。」「えんそくたのしかったね。」

「あたらしいようちえんで，おともだちつくってね。」などと，次々に持ってくる。保育者は，子どもたちの要望に応じて，ひらがなで書きとめ，最後にその子の名前を書く。

　たくとくんは，みんなと同じように画用紙に向かう。中央にまみちゃん，手をつなぐたくとくん自身，その隣に近所で仲のよかったしょうくんを描き，「みんな　げんきでいてね。　たくと」と自分で書いた。

　手紙は，著者の意志を伝達する機能をもつ。たくとくんは，転居する前にまみちゃんに家に来てほしいという思いから，わからない文字を母親に聞きながら，自分の力で文字を書き，手紙で思いを伝えようとした。話しことばでなく，書きことばを使って伝えようとしたのは，直接言うのが恥ずかしかったからであろうか。それとも，手紙であれば，家に持って帰ってもらえる，残してもらえると思ったのであろうか。

　保育の場では，このように自発的に手紙を書こうすることもあれば，七夕のお星さまに手紙（短冊）を書こうということもある。園から，夏休みは暑中見舞い，冬休みは年賀状をもらうことで，自分も書いてみようとすることもある。敬老の日では，祖父母に手紙を出すこともある。おじいちゃん，おばあちゃんに手紙を出そうというと，誰に教わったのであろうか，「おじいちゃん，お元気ですか。」と書く。

　しかし，この時期は，まだ，文字を書けない子どもが多く，保育者は書かせることに力を入れるのではなく，子どもの思いを受け止め，代わって書いてあげることで，文字で表現すると自分の思いが相手に伝わるということに気づけるようにすることが大切である。

5歳児　5月　離任式で保育者にあてた手紙

(2) 看板や値段を書く

 3-33
「たこやきや　おやすみです。」（4歳児　9月）

　りくとくんが黄色の薄紙をまるめ，「たこ焼き」と言う。卵パックをたこ焼き器に見立て，作ったたこ焼きを入れ，串でひっくり返すまねをする。その後，たこ焼きをパックに詰めて並べる。「そうだ！　いいこと考えた。」と言い，画用紙にたこの絵を描く。その上に「たこやきや」と書き，机に貼りつけ，看板にする。「たこ焼きー，おいしいですよー。」と大きな声をあげる。

　その様子を見たりょうたくんらが来て「いくらですか？」と聞く。りくとくんは「100円です。」と言う。りょうたくんが手を伸ばし，お金を払うまねをする。たこ焼きを受け取ると，食べるふりをする。りくとくんは小さな紙に「1つ100えん」と書き，パックに貼る。それを見たりょうたくんらは紙を切り，「100えん」と書く。しだいに，「100000」と0をたくさん書く。なかには，『0000001』と逆に書く子もいる。作ったお金を使って，たこ焼きの売り買いを楽しむようなる。

　片づけの時間になると，りくとくんは机の上を整える。そして，「おやすみです。」と書いた紙を，たこの絵の上に貼りつける。

　看板や値札は，内容を表示する機能があり，何の店であるのか，いくらなのかを他者に知らせている。たこ焼き屋ごっこを始めたりくとくんは，品物を並べるうちに，何の店か，他者にわかるように看板の必要性に気づく。はじめに，たこの絵を描くが，看板ということを意識してか，「たこやきや」と文字を書いている。りょうたくんとのやりとりから，値札の役割にも気づき，100円の価格をつけている。片づけになると，「たこやきや」の文字の上に，「おやすみです。」を貼ることで，閉店であることを示している。このことで，他者にも閉店であることが伝わる。4歳児のためか「閉店」ということばは出ていない。5歳児になると，お店は閉店，動物園の場合は閉園，図書館の場合は閉館ということに気づく子もいて，使うことでほかの子どももそのような新しいことばを知るようになる。このように，遊びのなかで，

看板や値札の必要性に気づき，遊びのなかで文字を使おうとする意欲を高めることが大切である。

(3) ポスターを作る

 3-34
「うんどうかい」のポスター作りからことば遊びへ（5歳児　10月）

> 運動会のポスターを作成するにあたり，文字の書けない子どもに対して配慮すること，また，ポスターの機能として，多くの人が見て，その内容が伝わるようにすることが大切である。
> そこで，うんどうかいの文字と日時，場所を書いた文章を印刷し，子どもの描いた運動会の絵に貼りつけてポスターを完成させ，裏に自分の名前を書く。
> 子どもたちは，うんどうかいの文字のまわりをまるく切り取り，自分の描いた絵の上に並べる。弧を描くように，または，真っすぐに並べて，バランスを見ている。なかには，右から並べる子もいる。それを見た子に「『いかうどん』って何？」と聞かれ，横に並べるときに，左から読むことに気づく。
> 5枚の紙をいろいろに並べるなかで，「かい」「いか」「いかうどん」「どう」「かん」など，並べ変えて，いろいろなことばができることをおもしろがる。さらに，うの紙を持ちながら「う，うさぎ，うち，うなぎ，うちわ…」と「う」から始まることばを探して遊んでいる。

ポスターの裏に書く名前は，自分のものであるという，所有を示す機能である。

5歳児のこの時期でも，文字に対する興味に差がある。スラスラと書ける子もいれば，文字に関心を示さない子もいる。ポスターは，園外の人々に広めていくものである。そのためには，目にとまり，一目でわかるようにする必要がある。そのため，うんどうかいの文字などを印刷することで，子どもたちの抵抗感が和らぎ，主体的に取り組める。

うんどうかいの文字は，一文字ずつ切り離されているので，逆さから読んだり，組み合わせを考えてみたり，頭から始まることばを考えてみたりと，

ことば遊びへと発展した。

(4) カルタをみんなで作る

事例 3-35
「全部の字を作らなくっちゃね。」（5歳児　1月）

　市販のカルタで遊んだことをきっかけに，カルタを作ろうということになる。「カルタってさ，あいうえお…全部あるんだよ。」「でも，（同じ文字は）2枚ないんだよね。」「1枚ずつね。」と言い合い，クラス全員で，一人一文字ずつ担当して，カルタを作ることになった。子どもたちは，まずは，自分の名前にある文字を選ぼうとする。

　「う」を選んだうえきくんは，「う…」「うさぎ」「ぴょんた」「うさぎのぴょんた，ぴょんぴょんはねる」と，うさぎから連想するように考えた。読み札の○に「う」を書く。「うさぎ」は自分の名前にもあるので，さっと書けるが，「ぴょんた」は，どのように書いてよいかわからない。保育者に「『ひ』に『゜』と，小さい『よ』と，『ん』と，『た』」と聞いたり，紙に書いて見せてもらったり，「たいちゃんの『た』だ。」と友だちの名札を見たりして，自分で書こうとする。

　あいちゃんは，「あ」を取り，「あついひ，あいす，おいしいね。」と韻を踏んだ表現をする。そして，ことばに合わせるように，大きな太陽とアイスの絵を描いていく。

　保育者は完成したカルタの絵札と読み札を一組にして，壁面に飾っていく。ほかの子どもたちは，壁面の読み札を見ながら，「うさぎの…」と読もうとする。

　すべて完成させると，遊戯室に絵札を並べ，グループ対抗のカルタ取り大会を行う。

　先のポスター作りのように「う」から始まる文字を考えたことから，頭音集め，「ん」が最後につく尾音集め，しりとりなどのことば遊びを経験する。
　カルタ作りでは，頭音を意識したり，韻を踏んだり，リズミカルな歯切れのよい表現をしようとする子もいる。このようなことば遊びなどの活動を意図的に取り入れることで，子どもがことばに親しむ環境を工夫し，言語活動

を充実させることが求められている。

50音必要なことから、どの文字を誰が担当しているのか、あいうえお表に記名したものを掲示する。それを見て1枚完成させた子は、まだ作られていない文字を選んで作っていく。

子どもたちは、保育者が掲示したカルタを見て、友だちの作品を読もうとする。このような一連のことば遊びの活動や壁面に掲示した表や完成したカルタが言語環境となり、子どもたちの文字への興味・関心を高めることになっていく。

書きことばは、書くことだけでなく、読むことの経験も含まれる。幼児期は、自分の名前や日常使う物の名前が棚などに示されていることで、文字と対応していることに気づいていく。幼児期は、まだ、読んだり、書いたり、文字を道具として使いこなすことができない年齢であるので、文字が存在していることを感じ取れる環境の構成が重要である。

(5) 文集を作る

3-36
名前を書こう　（5歳児　3月）

　修了に向けて、文集作りをする。文集といっても、子どもたちの思い出のところは、インタビューを保育者が活字にしたものである。
　子どもたちが、自分の名前を書けるように、原稿用紙に合わせた大きさの紙とフェルトペンを用意する。
　子どもたちは一文字ずつていねいに書くと、「はー」と大きく息をはき、ホッと笑みを見せる。ペンで書いているため、かなり緊張しているようだ。この時期になると、どの子も自分の名前は書けるようになり、書き順も正確になってくる。

この時期には、多くの子どもが自分の名前を正しく書けるようになる。それまでは、右から左に、下から上に逆送していたり、書き順がでたらめであったり、「く」が「へ」となったり、「す」を書くのに、十を書いてから左にマ

ルをつけたりと，驚くような書き方をしていた。文字というよりも，記号としてとらえ，見たように形をまねようとしているのであろう。子どもは，長い，曲がっているなどの目につく箇所から書こうとする傾向があるといわれている。

　幼児期の文字の指導はどうするべきであろうか。『幼稚園教育要領解説』(文部科学省，平成20年7月)には，文字については，個々の子どもの興味・関心の状況は個人差が大きいことに配慮し，生活と切り離したかたちで覚えこませる画一的な指導や文字についての直接的な指導をするのではないと示されている。

　また，文字を正確に読めたり，書けたりすることをめざすものではないとも示されている。なぜならば，幼児期は個人差が大きいこともあるが，それ以上に，確実にできるために必要な暗記などの習熟の用意が十分に育っていない。そのため，習熟の指導に努めるのではなく，子どもたちの興味・関心を十分に広げ，文字にかかわる関心を豊かにできるようにすること。この感覚が，小学校における文字の学習の基礎となるのである。

　遊びのなかで，文字を道具のように見立てて使う経験を通して，徐々に文字には書く順番があること，一方通行であること，よい形があることに気づくようになることが望ましい。

(東川)

〈3章　引用・参考文献〉
上里一郎監修　白川修一郎編（2006）『睡眠とメンタルヘルス』ゆまに書房
今井和子（2013）『子どもとことばの世界』ミネルヴァ書房
小椋たみ子・小山正・水野久美（2015）『乳幼児期のことばの発達とその遅れ』ミネルヴァ書房
小田豊・榎沢義彦編（2005）『新しい時代の幼児教育』有斐閣アルマ
加藤ひとみ・大國ゆきの（2015）「幼児期の言葉の獲得―幼児期の発達特性と幼稚園での教育―」
　東京成徳短期大学紀要．第48号，pp.23-34
佐伯裕編（2007）『共感―育ち合う保育の中で』ミネルヴァ書房
竹内道夫（1988）「象徴遊びの発達と分類」森林・林邦雄・竹内道夫『象徴遊びを育てる　4』
　pp.10-15　コレール社
多田幸子・大田紀子・井上聡子・杉村伸一郎（2009）「3歳児における保育者参加型ごっこ遊び―
　事例分析を通した保育者の役割の検討」広島大学『幼年教育研究年報　31』pp.47-54
津守真（1997）『保育者の地平』ミネルヴァ書房
友定啓子，小田豊（2008）『保育内容　人間関係』光生館

福沢周亮監修　宮本智美・星野美穂子（2012）『保育の心理学』pp.55-58　教育出版
福沢周亮監修，藪中征代・星野美穂子（2016）『保育内容・言葉』教育出版
星野美穂子（2012）「幼稚園における食事指導が幼児の食べ物の嗜好に及ぼす影響」第65回日本保育学会大会発表論文集
文部科学省（2010）『言語活動の充実に関する指導資料集〜思考力，判断力，表現力の育成に向けて〜』pp.8-9
文部科学省（2008）『小学校学習指導要領解説　国語編』p.10　東洋館出版社

4章

ことばを育てる児童文化財

1. 保育における児童文化財の活用

(1) 児童文化財とは

　子どもの豊かな情操を育むための文学や美術，音楽，演劇，映像，遊具，玩具，伝承芸能などを児童文化財という。また，児童文化財には，①子どものために文化的な活動をすること，②子ども自身が文化的な活動をすること，③文化的な活動の拠点となったり絵本などを保有したりする施設，これら3つの側面が含まれる。例えば，人形劇団などを招いて子どものために劇を演ずる，子ども自身が練習を重ね老人ホームなどで歌を披露する，また市民館や児童館，図書館などで行われるさまざまな催しのすべてを「児童文化財」と呼ぶのである。具体的には，次のような分類ができるだろう。

文学	小説・詩・童話・絵本・素話・漫画
美術・芸術	影絵・布絵本・折り紙・凧・工芸・工作
音楽	歌唱・楽器演奏・民謡
演劇	児童劇・人形劇・音楽劇
放送・映像	映画・テレビ・ビデオ・ＤＶＤ
遊具・玩具	野外活動・大道芸・手品・遊具・おもちゃ
伝承芸能	歌舞伎・太鼓・舞踏
施設	図書館・児童館・市民館・子育て支援センター

　子どもは身近なテレビなどに大きな影響を受けているようである。登場人物のセリフを覚えてごっこ遊びをしたり，主題歌を歌ったりしている。2歳にもなれば，大好きなヒーロー・ヒロインが使っていることばは，あっというまに覚え，多種多様なことばを絶妙なタイミングで発する。このように映像など新しい児童文化財にふれることによって，子どもたちが楽しみながらことばを獲得していくことは望ましい。しかし，これほど多くの児童文化財があるにもかかわらず，子どもが家庭生活のなかでふれることのできるものはテレビやDVD，また，近年ではタブレットやスマートフォン，絵本，市販のおもちゃなどごくわずかなものに限られている。

一方，保育所や幼稚園では，たくさんの絵本や紙芝居が用意されており，子どもたちは毎日これらを読んでもらうことができる。童話で使用されることばは，新しい創作絵本や漫画で使用されていることばと比べて，日常生活ではあまり使用されないような語彙，ていねいな言いまわしや文法が使われていることが多い。子どもはお話を聞いて前後の文脈からその語彙の意味を推測し，絵を見ることで文法を理解していく。人形劇，ペープサート，パネルシアター，エプロンシアターなどでは，子どもが楽しみながら自然とことばやリズム感覚，話を聞く態度などを獲得する機会となる。家庭では本を読んでも落ち着いて聞いてくれないという子どもでも，園では，きちんと座って保育者の演ずる人形劇を見ることができることも多い。このほかにも，園庭の大型玩具や豊富な玩具で遊ぶことで，体を鍛える，順番やルールを守るといった社会性を身につけていく。工作や折り紙なども家庭では大型のもの，複雑なものを製作することはむずかしい。大きな笹にいろいろな折り方を工夫した飾りつけをして七夕を楽しむような季節の行事，夏祭りのために友だちと協力しながらおみこしを作ることで，ことばの理解や友だちとの伝え合いを体験していく。園生活のなかで子ども時代に出合ったさまざまな児童文化財が，子どものことばの獲得に重要な役割を果たすのである。このような児童文化財には家庭でふれることはなかなかできない。保育者は子どもが児童文化財にふれることの重要性を理解し，集団生活を通してさまざまなものに出合えるよう，保育の環境を整えていきたいものである。

(2) 絵本や紙芝居，お話

1) 絵本の魅力

絵本とは，絵を主体とした子ども向けの読み物を指す。昔話絵本，民話絵本，創作絵本，寓話絵本，知識絵本，生活絵本など，さまざまな種類のものがある。「絵本が子どもの発達によい」ことはすでに広く知られている。では具体的に絵本は子どもの発達にどのような影響を与えるのであろうか。1点目は，ことばの発達が促進される点である。例えば絵本のなかに今まで聞いたことのないことばがあった場合，読み聞かせをしてくれている大人に質問したり，自らお話の前後の文脈からそのことばを推測し，想像力を働かせ，

新しいことばを覚えていく。また，絵本のなかの文章は豊かなことばの表現力のお手本となる。2点目は，想像力・思考力を豊かにする点である。子どもは自分で好きなように想像して，これまで経験したことのない世界や感情を体験したり，見たことのないものを絵を見ながら考えたりするのである。3点目は，子どもの情緒の安定に役立つ点である。読み手は絵本を読むとき，子どもをひざにのせたり，向かい合ったり，隣に並んだり，いずれの場合も身体的距離が密接となる。子どもの大好きな本を保育者が楽しく，ときには一人一人の目を見ながら読む。入眠前に読み，トントンと背中をたたきながら子どもが寝つく。読み聞かせの方法はさまざまであるが，いずれの場合も子どもは「特別な時間」や「自分だけの時間」を体感する。絵本を媒介として子どもと絵本を読み聞かせる者との情緒的なつながりが強固となっていくのである。

　また，子どもの絵本の楽しみ方は「読み聞かせ」が基本である。読み聞かせでは，お話は大人が読むため，子どもは文章を耳で聞きながらゆっくりと絵を楽しむことができる。もちろん文字が読めるようになれば自分で読むこともある。しかし，文字を読めるようになったばかりの子どもでは読み方がたどたどしく，文字ばかりを追ってしまうので内容をかみしめることがむずかしい。またせっかくの楽しい時間を「自分で読めるでしょ。」「本を読みなさい。」などと強制されてしまっては，もはや楽しい時間ではなく，「お勉強の時間」である。絵本は読み聞かせが基本なのである。子どもが読みたいと思う本を，何度も楽しい雰囲気のなかで読んであげてほしい。さらに，読み聞かせの要点として福沢（1991）は，読み手も楽しめる絵本を用意する，一本調子にならないようにする，読み聞かせの後に内容についての質問をくどくどとしない，などをあげている。読み手が楽しいと感じられる本を読むときには，よい雰囲気で読み聞かせができるであろうし，一本調子になったりすることも少ないだろう。あまり大げさな抑揚はイメージを限定させるので不要であるが，その絵本のもつ雰囲気に合わせたリズムで読み聞かせを楽しんでほしい。また，読み聞かせの後に「内容についての質問をしない」というのは，楽しい読み聞かせの後には必ず「質問タイム」，つまり「テストの時間」が待っていると思うと読み聞かせを楽しむことができなくなってしま

うし，読み聞かせを楽しんでも毎回の質問タイムでよい成績が取れない場合には，絵本そのものをつまらなく感じてしまうからである。自由な楽しい雰囲気のなかで，読み聞かせそのものを楽しむことが重要なのである。

　最後に，子どもはどのような絵本を好むのであろうか。よく幼稚園や保育所への実習前の学生から，「年少クラスではどの本を読んだらよいでしょうか。」という質問を受ける。大人にも一人一人好みがあるように，どの子どもにも好きな絵本がある。同じ年齢でもその好みにはかなりの個人差がある点を考慮しなければならない。とはいっても，子どもが好きな絵本にはある種の法則がある。子どもの発達に合っているもの，興味・関心に合っているもの，話の筋にリズムがあるもの，イメージしやすいもの，親しみやすい登場人物が出てくるもの，ことばづかいがおもしろいもの，子どもの経験と類似したもの，内容の反復があるもの，場面の躍動性が高いもの，意外性を含むもの，あまり教訓的でない内容のもの，などがあげられる（坂本，1977；高木，1984；Anderson et al, 1987）。

　では，実際に絵本を読んだときの子どもの様子を見てみよう。その際，おもしろがる場面はどこか，同じ作品を読んだとき年齢によって反応にどのような違いが見られるのか，どのような導入・展開が可能か，絵本を読むことでどのようなことばの発達や感情の芽生えが見られるか，などに注目してほしい。

事例 4-1
絵本を楽しむ・体で表現する　（3歳児）
〜『どうやってねるのかな』やぶうちまさゆき　福音館書店 〜

　動物の眠る姿が描かれた絵本である。子どもにとっては思いがけない姿もあるのでとても興味深い様子であった。「もう一回読んで。」とせがむ。繰り返して読み始めると今度は「はらばいになってねます。」のことばに合わせて同じ動きをした。男児の動きにつられてほかの子どもも同じようにまねる。1ページごとに体を動かしながら絵本を楽しんでいる様子である。保育者はそれを受け止め，子どもがまねするのを待ちながらゆっくりと読む。おもしろいと感じ

たことを，絵本のなかの動物の動きをまねることで表現している。

事例 4-2 絵本を楽しむ・体験する（5歳児）
～『はじめてのおつかい』筒井頼子　福音館書店～

　女の子が初めておつかいに行く様子が，緊迫感ある絵と文章で表現されている絵本である。どの子も息をつめて聞いていた。読み終わると一人の子どもが自分自身のおつかいの体験を話し始めた。「お姉ちゃんとおつかいに行った。」「弟を連れておつかいに行った。」「まだ行ったことないけど，今度行く。」など次々に話し始める。
　これらの会話がきっかけとなり，ほかの子どもも刺激を受け「おつかい」への興味が学級全体に広がる。家に帰って「おつかいに行きたい。」と話した子もいた。

2）紙芝居の魅力
　紙芝居とは，物語の場面を連続的に描いた絵を1枚ずつ引き抜いて劇的に演ずるものを指す。今も昔も変わらず子どもの大好きな児童文化財の一つとして親しまれており，保育の現場では絵本と並び，日常的な保育教材・教具として用いられている。
　作品，演じ手，子どもがいれば「どこでも」「誰でも」手軽に楽しめるのが紙芝居の魅力であるとされているが，お話や絵本を読むとき以上に絶妙なテクニックが要求されることもある。演じ手は，画面を「抜き」，「差し込み」，生の声で，子どものテンポに合わせて演じ進めることが必要である。したがって演じ手と子どもは一体感をもって紙芝居を楽しむこととなる。めくる瞬間の楽しみが紙芝居の大きな魅力である。また「かみしばい」というからには「お芝居」の要素が大きいと考えるとよいだろう。芝居をする「舞台」と「演じ手」はとても重要である。演じ手が紙の後ろに隠れてセリフを言うだけでは紙芝居本来のおもしろさを味わうことはむずかしい。とは言っても，保育

の場では特別な舞台を設定せず，気軽に紙芝居を演じることも多いようである。画面をめくるたびに「次は何が出てくるんだろう。」「どうなるんだろう。」という気持ちでいっぱいになるように，子どもとの一体感を意識して演じてほしい。

 4-3
初めての紙芝居　～手作り紙芝居『おおきなかぶ』～　（2歳児）

　ボランティアの女性を招いて紙芝居を上演した。本格的な紙芝居は初めての子どもたちである。紙芝居の舞台自体が珍しいようで，じっと見ている。演じ手が拍子木を鳴らすのを見てさらに驚いた様子である。「はじまり，はじまり。」でようやく一人の子どもがパチパチと手をたたく。その様子を見て他の数名もパチパチと手をたたいた。「いったい何が始まるのだろう。」とわくわくする気持ちと，何となく落ち着かない様子が混じった感じでじっとしている。
　絵本で読んだことのあるお話で，絵本ならば「うんとこしょ，どっこいしょ。」と一緒に声を出すのに，終始じっと見入っている。「みんなも応援してくれないとかぶが抜けないよ。」と促されてようやく少しだけ「うんとこしょ，どっこいしょ。」と声を出す子が出てくる。普段，落ち着いて絵本を見ることができない子どもも，このときはじっと紙芝居に見入っていた。

　演じ手が保育者でなかったため，よけいに珍しく感じた様子である。紙芝居舞台や拍子木が絵本とは異なる新奇さを子どもに与えていたようである。また，絵本にはまだ興味がもてない子どもも紙芝居にはとても関心を示すことも指摘できよう。

 4-4
経験したことを紙芝居の絵を見ながら確認する　（2歳児）
～『うみのおまつり』宮下昌樹　教育画劇 ～

　クジラやカニなど，子どもが知っている海の生き物を確認しながらお話を進

めていく。クジラの背中の上にお祭りのやぐらが出てくると,「知ってるよ,見たことあるよ。」など,保育所の夏祭りや近所のお祭りを見てきたことと照らし合わせて話す様子が見られる。お祭りが始まり,クジラもほかの魚たちと一緒に踊りたくて動き出し,やぐらが崩れてしまうと,「あ～あ……。」とまゆをひそめ困った顔になったが,クジラも魚たちと一緒に海の底でお祭りを始めると,うれしそうな表情にもどり,お話を楽しんでいた。紙芝居のなかの魚たちに共感しているようである。

　この子どもは,保育所の夏祭りや近所のお祭りで見てきた「やぐら」を視覚のみで記憶していたが,紙芝居のなかに絵となって表現されていることで改めてそれが「やぐら」という名前のものであると確認したようである。

3）　お話の魅力

　物語やお話を覚えて語って聞かせることを「お話」という。いろいろな定義があるものの,「素話」「語り」「ストーリーテリング」なども「お話」と同義と考えてよいだろう。

　子どもに絵本を読むなどの「読み聞かせ」では,子どもの視線は絵本に行くことが多いが,お話では子どもの視線は語り手にいく。同時に,語り手が子どもの目を見ながら語るため,語り手も子どももお話をより深く共有できるという楽しみが得られる。また,子どもから視線が離れることも少ないため,どの子がどんな表情でどのくらい真剣に聞いているか,子どもはどんなお話のどんな場面で集中しているかなど,子どもの様子もよくわかる。絵本が絵によってイメージを助けてくれるのに対して,お話ではより自由にイメージを描くこともできるのである。既存の物語を覚えて語って聞かせるだけでなく,お話をつくって聞かせたり,子どもと一緒にお話をつくったりなどの活動も楽しめる。

事例 4-5 お話を聞く・覚える （2歳児　11月）
～『ママお話きかせて　やさしい心を育てるお話編　もも太郎』松谷みよ子　小学館 ～

　りこちゃんは，保育園の園庭でお砂遊びをしながら，ふざけた様子で「とんとんむかし，あるところに，じいさまとばあさまがおったと。じいさまがやまへしばかりにいき，ばあさまは川でせんたくをしておった。」と話し始めた。りこちゃんがお話をする様子を見て友だちや先生が「すごい。」と感心したことで，お話を最後まで覚えて保育者に聞かせてくれた。りこちゃんのお話に興味をもったほかの子どもも何かお話を覚えようとし始めた。
　りこちゃんは，寝る前に毎日お母さんに絵本を読んでもらっているという。あるとき，お母さんが絵本なしで『もも太郎』を語ったところ，大変興味をもち，自らも暗唱しようと連日『もも太郎』のお話をせがむようになった。特に，「もも太郎さん，もも太郎さん，おこしにつけたきびだんご，ひとつわたしにくださいな」のリズムの繰り返しと，昔話ならではの言いまわしが気に入った様子だった。

　素話，語り，ストーリーテリングなどは，すべて「覚えて語って聞かせる」という特性をもっている。「むかしむかし……」で始まるような昔話や民話は，登場人物が比較的少ない，エピソードの繰り返しが多い，オノマトペが多い，話の筋がわかりやすいなど，語り手にとっても覚えやすいものであるため，お話の題材として利用できるものが多いだろう。子どもたちが好んで耳を傾けるお話をいくつか覚えておくとよいだろう。『もも太郎』『おむすびころりん』『さるかに』『かちかちやま』『あかずきん』『さんびきのこぶた』などはよい例である。

4）　実体験とイメージの世界とを行き来する

　絵本は，子どもが経験してみたいこと，「こうだったらいいな。」とイメージしたことを具現化してくれることがある。本書では0～1・2歳児対象と分類している『しろくまちゃんのほっとけーき』（わかやまけん　こぐま社）では，

「自分でホットケーキを作って，お友だちと食べてみたいな。」という気持ちが絵本にそのまま表現されている。お母さんが作ってくれるホットケーキを自分でも焼いてみたいなと願い，粉を混ぜるお手伝いをしたり，「ぷつぷつ，まあだまだ。」と焼いている途中のホットケーキをのぞきこんでみたり，絵本のなかのセリフを再現してイメージをふくらませていくのである。子どもは，毎日成長していく。もちろん経験することの多くが「初めて」の場合が多い。知らないことやわからないことを絵本のなかの絵を見て，想像しながらものを覚えたり，考えたりしていくことができる。

　また，子どもは，絵本の登場人物に自分を投影して楽しんだり，体験したことのない世界を想像したりしながら，イメージを広げていく。さらに，友だちと一緒に絵本を楽しむことで，同じ場面やお話を共有し，実体験として集団遊びにつながっていくこともある。大好きな先生が読んでくれた絵本は子どもも大好きになるので，もっと読んでほしいと思うだろう。何度も「読んで。」とせがみ，あるときは自分で絵を見ながら新たにイメージを広げていく。絵本を深く楽しむことで，もっと読んでみたい，いろいろな絵本を読んでみたいと思うようになるだろう。そのようなとき，子どもがいつでもゆったりと絵本を楽しむことのできるような環境づくりが重要となってくる。

4-6 絵本を楽しむ・考える （5歳児）
～『きょだいなきょだいな』長谷川摂子　福音館書店 ～

　「あったとさ,あったとさ……」などリズムのあることばづかいや「きょだい」なピアノや電話という発想，またこれらの挿絵をおもしろがり，繰り返し読む。何回か読むうちに保育者の声に合わせて声を出す子が出てくる。5歳児にとって「きょだいな」ということばは初めて出合うものだったと思われるが，絵本の挿絵によって容易に「きょだいな」の意味を理解することができた。

　友だちと声をそろえてことばを唱えることを楽しんでいると，女児が「続きを考えてきた。」と言い出した。それは,「あったとさ,あったとさ,ひろーいのっぱら，どまんなか，きょだいなクレヨンがあったとさ。」というもので，そこ

で終わっている。その続きをみんなで考えようと保育者が提案したところ，大喜びでそれぞれが考えてきたことを発表する。保育者は，子どもの発表した内容を絵本のことばのリズムに合うように整理して，黒板に書いて見せる。「あったとさ，あったとさ。ひろーいのっぱら，どまんなか，きょだいなきょだいなクレヨンあったとさ。子どもがひゃくにん，やってきて，みんなでらくがき，やりました。」という文が完成した。次の日はまた別の女児が「きょだいなウサギでやる。」と言ってきた。数日間続けたところ，「きょだいな折り紙」「きょだいなおにぎり」などの発想が生まれてきた。

事例 4-7 絵本を楽しむ・共通の世界をイメージする （5歳児）
～『めっきらもっきらどおんどん』長谷川摂子　福音館書店 ～

　主人公が歌った「ちんぷくまんぷく……」というめちゃくちゃ歌のおもしろさ，魅力的なばけものたち，ストーリーのおもしろさにひきつけられ，何回もクラスで楽しんだ。38文字の唱えことばを一生懸命覚えようとする。
　数か月後の遠足のとき，雑木林で到木の木のうろを見つけた男児2人がそのうろに向かって「ちんぷくまんぷく……」と絵本の唱えことばを言って笑っていた。数人が集まり，みんなで大声で何回も唱えことばを言い，笑い合う。そこから，絵本のなかのモチーフをまねて「木から木へととびうつるモモンガーごっこ」が始まった。

（星野）

5）絵本を通した思考
・身近な環境を通して
　子どもたちは身近な虫や小動物をさわったり，抱いたり，捕まえたり，興味・関心をもってかかわっている。また，幼稚園や保育所ではモルモットやウサギ，カメやザリガニ，カブトムシなど飼育活動も行っている。
　虫や小動物にふれたり飼育したりすることで，子どもたちは生き物の特性

を知ったり，ぬくもりを感じたりしながら，生命の尊さに気づき，いたわったり，大切にしたりするようになっていく。命あるものにかかわっていくことは，その物の生態を理解したり，生き物の「死」に直面したりすることでもある。

子どもたちは虫や小動物とかかわることによって何を学んでいくのか，そして，絵本を通してどのような思考が見られるのか事例を通して考えていく。

4-8 小動物の死などに直面する （5歳児　10月）
〜「ウサギのそらくんの死」〜

　　A幼稚園5歳児ゆり組では，ウサギのそらくんを飼育している。毎日グループ交代で，掃除，餌やりをしている。そらくんをケージから出すとサークル内で跳びはねたり歩きまわったり，元気に過ごしていた。子どもたちは，抱いたり，なでたり，「かわいいね。」「あったかいね。」「もこもこしてる。」と，そらくんが大好きだったが，ここ数日，そらくんの動きが鈍くなり，餌も食べなくなっていた。

　　ある日，朝の会で「今日はみんなに大切なお話があります。」と保育者が真剣な表情で話を始めた。いつもと違う雰囲気で話をする姿に子どもたちの表情が一変した。「実は，昨日突然そらくんが，眠ったように動かなくなりました。急いで病院に連れて行ったのですが，そらくんは元気にならなくて，死んでしまいました。」と話した。

　　「えっ！」「どうして？」「そらくんかわいそう……。」「病気になっちゃったの？」　突然のそらくんの死に，子どもたちは驚きの気持ちを表していた。

　　「みんなが，大切にお世話をしてくれた大好きなそらくんだもの，先生もとっても悲しかったよ。みんなは大切にお世話してきたよね。でも，病院の先生が言っていました。そらくんは，とても歳をとっていたウサギで，長生きすることができたって……。実は，先生は知らなかったんだ，そらくんが，そんなに歳をとっていたこと。あんなに元気だったから気がつかなかったんだ。そらくんは幼稚園にきて，もう7年ぐらいになるんだ。あんなに元気に見えても，実

はたくさん歳をとっていたんだね。亡くなったことは悲しいことだけど，そらくんは，たくさん長生きすることができたんだね。」そらくんが命の終わりまでがんばって生きることができたことを，保育者は子どもたちに伝えたかった。

そして，『ずーっと ずっと だいすきだよ』の本を読み始めた。子どもたちは静かに聞いていた。涙ぐむ子どももいた。主人公と愛犬のエルフィーの物語に自分たちの感情を重ね合わせていた。

「みんなも，そらくん，かわいいって 大好きだったよね。大切にお世話してきたよね。そらくんもみんなのこと大好きだったと思うよ。これからも忘れないよね。そう，いつまでも，心のなかにいるんだよね。」

そして，みんなでそらくんの亡骸に園庭に咲いている花を添えてお別れをした。

子どもたちは「お花もらってうれしそうだね。」「そらくん目を開けて上向いて眠っているね。」「みんなのことをさよならって見ているんだね。」「わたし，絶対そらくんのこと忘れない。」「眠っていてもかわいいいね。」とやさしく声をかけ，お花を添えた。

「そらくんもいつもお世話をしてくれてありがとうって言っているよ。みんなのこと大好きだって。大切なことは，いつまでも忘れないでいることなんだよ。」と子どもたちに声をかけ，そらくんに「ありがとう」と言ってお別れをした。

クラスの子どもたちがかわいがっていたウサギのそら，保育者は突然の死をていねいに伝えている。死ということを実感させることも大切であるが，保育者は死の悲しみより，生きていた間にかわいがり，世話をしたこと，そらくんとともに生活してきたことを子どもたちに伝えたいと思った。

『ずーっと ずっと だいすきだよ』の絵本を通して，子どもたちは絵本の内容が今置かれている自分たちの状況と重なり合い，生きているものとかかわっていくことは，いつかは死に直面すること，だからこそ生きている間のかかわりが大切であることを感じている。そして，その思い出がこれからも心のなかにあること，心のなかにそらくんが生きていることを実感してい

る。直接的な体験と絵本の世界が重なり，子どもの思考，感情につながっている。

　飼育体験は生きものを大切にする気持ちを育み，生命のすばらしさに心を動かされ，その感動を味わうことができる。しかし，一方で環境によっては動物飼育の機会に恵まれない現状もある。実体験では味わえない感情を絵本の世界を通して伝えたいものである。

〈参考絵本〉
①『ずーっと　ずっと　だいすきだよ』
　　（ハンス・ウイルヘルム え　久山太市 ぶん　評論社）
　愛犬エルフィーが，ある朝死んでいた。悲しみにくれる主人公のぼく。悲しみの中で思い出していく。まいばん，エルフィーに「ずーっと，だいすきだよ」って言っていたことを。そして，これからも「ずーっと　ずっと　だいすきだよ」
②『わすれられない　おくりもの』
　　（スーザン・バーレイ さく・え　小川仁央 やく　評論社）
　まわりの誰からも慕われていたアナグマは，歳をとって死ぬ。かけがえのない友を失ったモグラ，カエル，キツネ，ウサギ，それぞれがアナグマとの思い出を語り合った。そして，アナグマがたからものとなるような，知恵や工夫を残してくれたことに気づく。

4-9
絵本から得た知識を　〜「やっぱり，そうだよね」〜　（5歳児　10月）

　まさとは虫好きな男児である。今日も，朝から園庭に出て虫を探している。プランターの下をのぞいてみたり，花壇のなかをのぞいてみたり，ダンゴムシ探しに夢中になっていた。ダンゴムシを見つけ，持っていたペットボトルの中に入れていく。そのあと，アリを見つけ，アリをペットボトルのなかに入れていた。ゆうこがやってきて，「まさとくん，何捕まえているの？」と問いかけると，まさとは「ダンゴムシとアリ。」と答えた。「えー，ダンゴムシとアリを一緒に入れて大丈夫なの？」とゆうこは大きな声をあげた。「どうして？」と

まさとが聞くと「だって，この前のあれ，書いてあったよ。」とゆうこ。まさとは「なんだっけ？」，「ほら，絵本，見たじゃない。」そのことばにまさとは思い出し，「あっ，あれね。」と言って二人は保育室に走って行った。二人は本棚の前に行き，ゆうこが「あった，ダンゴムシ。」と言って「ダンゴムシ」の絵本を見つけ，急いでページをめくった。「ここ，ここ。」とゆうこが指さし，二人で絵本をのぞきこんだ。「やっぱり，そうだよね。アリが来たら，まるくなっちゃう。こわいからだよ，だから一緒に入れたらかわいそう。」とゆうこが言うと，まさしは「そうだね，アリは敵なんだね。」といって，二人は園庭に戻り，花壇のすみにダンゴムシを逃がしていた。まさしは「気をつけてね。」と言ってダンゴムシを最後まで見ていた。

　虫好きのまさとにとっては，いろいろな虫を集めたい気持ちがある。しかし，ゆうこの一言で以前見た絵本のことを思い出した。絵本で得た知識が実際の状況と重なり合ったのである。二人は確認することによってその知識を確実なものとし，行動に移している。ここでは，子どもたちの興味・関心に沿った絵本が本棚に用意されていたこと，またいつでも自分たちで見られるように置かれていることなど，環境からの働きかけが大きく影響している。絵本が置いてあっても，実際の体験，子どもの必要感がなければ，知識は深まっていかない。この事例では，絵本の知識が実際の場面で生かされている。

（古川）

〈参考絵本〉
『だんごむし』（布村昇 指導　寺越慶司 絵　フレーベル館）
　ダンゴムシの生態や飼い方などがわかりやすく描かれている。また，写真での実物の紹介もある。だいすきしぜんシリーズ

6）絵本の読み聞かせから劇ごっこへ

　絵本の読み聞かせは，子どもにとって新たな世界への入口である。絵本を読んでもらうことによって，子どもに読み手のことばを聞き，絵に見入って，

お話の世界にどっぷりとひたる。想像力をふくらませ，自分の体験と結びつけたり，空想の世界を楽しんだりし，子どもは登場人物になった気持ちで，ワクワクドキドキしながら，お話の世界を旅していく。心にためこんだ登場人物へのあこがれやお話の世界の楽しさは，自然と子どもの表現活動につながっていく。

　絵本を読み終わった後に，「ぐりとぐらが作ったカステラ，おいしそうだった。食べたくなっちゃった。」「わたし，カステラ大好き。おいしいよね。」などのおしゃべりが始まることもある。また，土から出てきた芽に水をやっているときに「これさ，どんどん伸びていって，雲の上の巨人のところまでいっちゃったりして…。」と話す子どもがいる。「ジャックと豆の木」のお話を聞いた経験があるのかもしれない。このように絵本の読み聞かせは，新たなことばの表現を引き出す。

　学級で行う絵本の読み聞かせは，子どもたちの共通体験となる。お話のストーリーのおもしろさ，登場人物の印象などが子どもたちの心のなかに落としこまれ，友だちと共通のイメージをもって遊ぶことにつながっていく。子どもたちは何かになりきることが大好きである。絵本の登場人物にもすぐになれる。例えば，忍者が出てくる絵本を読んだことをきっかけに忍者ごっこが始まることがある。絵本に出てきた忍法や忍者の修行などが共有され，遊びのイメージが共通になる。保育者が，しゅりけんが作れそうな材料を用意したり，修行の場を子どもたちと一緒に作ったりすることで，忍者ごっこはより充実し，楽しいものになっていく。

　劇ごっこは，このようなごっこ遊びの延長にある。絵本の読み聞かせで子どもたちが心を揺り動かした経験がきっかけとなって展開されていくものである。保育者が絵本を読んで，これを劇にします，セリフを覚えましょう，ここではこのように動きましょうという進め方よりも，子どもたちが思わずなりきって動いてしまうような，子どもの自由な表現を劇ごっこへとつなげていき，表現する楽しさを十分に味わえるようにしたい。

○3歳児の劇ごっこ

4-10
『おおきなカブ』の劇ごっこ （3歳児　11月）

　学級全体で『おおきなカブ』の絵本を読む。ことばの繰り返しの楽しさとリズミカルなことばが魅力の絵本である。保育者がタイミングを図るように間をとり、「うんとこしょ、どっこいしょ」と読むと、自然と子どもたちの声が合わさる。最後に一面に描かれた大きなカブが抜け、子どもたちは「やったー。」「よかったね。」と喜んだ。

　次の日、保育室に大きなカブを用意しておく。「あ、大きなカブだ。」と子どもたちは興味をもつ。保育者がおじいさんになって、「カブの種をまこう。あまーい、あまーいカブになれー、おいしい、おいしいカブになれー。」と言いながら種をまく。子どもたちはニコニコしながら、保育者の様子を見ている。保育者が「うんとこしょ、どっこいしょ」と言いながらカブを抜こうと葉を引っ張ると、子どもたちも一緒に引っ張る。保育者は「あー、だめだ、抜けない。おばあさん、手伝って。」と呼ぶ。数人の子どもたちが「手伝ってあげる。」と口々に言う。「おばあさん、ありがとう。座ってわしの背中に順番につながっておくれ。」と保育者が言うと、子どもたちは背中につながる。「うんとこしょ、どっこいしょ。うんとこしょ、どっこいしょ。」と声をそろえて言いながら引っ張る。友だちとかけ声に合わせて体を揺らすことを楽しむ。本気で引っ張ってしまう子どもには、「ギュって引っ張ると痛いからやさしく引っ張っておくれ。」などとお話のイメージを大事にしながら、おじいさんになりきって声をかける。役になりきって「ニャーニャー」鳴きながら動いている子どもには「元気なネコちゃんじゃ。」などと、子どもの表現を認める。

　参加せず見ている幼児にも「一緒に、うんとこしょ、どっこいしょって応援してくれんか？」などと声をかける。みんなで引っ張ってカブが抜けると、子どもたちは「やったー。」と両手をあげたりガッツポーズをしたりして喜ぶ。

この3歳児の事例では，自分なりの表現を楽しむことをねらっている。かけ声や，次々に人や動物がつながりカブを引っ張るという繰り返しを子どもたちは楽しんでいる。「うんとこしょ，どっこいしょ。」とみんなで声をそろえて言う心地よさやことばのリズムの楽しさを体の動きとともに味わっている。保育者がお話の世界に入り，おじいさんになりきって子どもたちと一緒にお話の世界を楽しむことは，大切な援助の一つである。友だちを強く引っ張りすぎている子どもへもお話のイメージで指導している。参加しない子どもに対しても，無理強いすることなくことばでの表現の楽しさを味わえるよう援助している。一人一人の姿はさまざまであっても，絵本のストーリーに沿って自分なりに表現する楽しさを味わえるようにすることが大切である。

　劇ごっこに取り組むなかで子どもたちはたくさんのことばを発する。例えば，「ニャーニャー」というネコの鳴き声や「おじいさん，大丈夫？」などイメージに沿った自分なりのことばを発することもある。絵本のなかにあったことばを同じように言って楽しむことだけではなく，お話のイメージから自分なりのことばを発し，保育者や友だちとやり取りしながら，ストーリーに沿って動くことも楽しむ。つまり，絵本で豊かになったことばが，劇ごっこを楽しむなかでイメージをふくらませ，より豊かな言語表現へとつながっていくといえよう。

　また，絵本には出てこないライオンやうさぎなどの動物，ヒーローやキャラクターなどが出てくる場合もある。子どもたちの豊かな発想を生かしながらおおまかなストーリーに沿って動くことも楽しい活動となる。

○4歳児の劇遊び

事例 4-11
『さんびきのこぶた』の劇遊び　（4歳児　10月）

　『さんびきのこぶた』の絵本の読み聞かせをした後，保育者がブタのお面をつけて「私はブタのお母さん。みんなはブタの子どもに変身。」と話し，子どもたちは，ブタごとに3枚のマットの上に分かれて座るようにする。保育者がお家作りを子ブタに促し「いちばん大きいお兄さんブタは，何でお家を作ろう

1. 保育における児童文化財の活用

か？」と言うと，子どもたちは「わら。」「わらで作る。」と言う。保育者は「はい，わらをどうぞ。」とあるつもりで，わらを渡す。子どもたちはわらをマットの上に運び積み上げるような動作をする。二番目のお兄さんブタもいちばん小さいブタも，同じように保育者とやり取りをしながら家作りをする。木のお家作りでは「とんかちと釘もありますよ。」と言ったり，レンガのお家作りでは重そうにレンガを渡す動作をしながら「レンガは重いので気をつけてください。」と言ったりして，なりきった動きやことばのやり取りのきっかけになるようなことばをかける。子ブタの家ができあがると，保育者はオオカミのお面につけ変えて，順番にそれぞれの家に行く。「誰だ，このお家に住んでいるのは？」「いちばん大きなお兄さんブタだよ。」「ドアを開けろ。」「嫌だよ。」「それなら，フッフのフーで吹き飛ばしてやる。フッフのフー！」などの絵本のことばを再現して楽しむ。最後にいちばん小さなブタの家では，オオカミは家を吹き飛ばすことができず，煙突に見立てた巧技台から跳び降りて鍋に落ち，「あっちっち！ 助けてくれー。」と逃げていく。子ブタたちは「やったー！」と喜ぶ。

子どもたちは「おもしろかった。」「もう1回やりたい。」と言う。保育者は「楽しかったね。」と共感する。次はオオカミ役の子どもも募り，保育者と一緒に劇ごっこを楽しんだ。

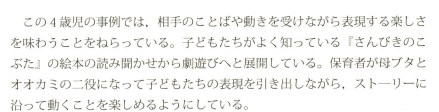

この4歳児の事例では，相手のことばや動きを受けながら表現する楽しさを味わうことをねらっている。子どもたちがよく知っている『さんびきのこぶた』の絵本の読み聞かせから劇遊びへと展開している。保育者が母ブタとオオカミの二役になって子どもたちの表現を引き出しながら，ストーリーに沿って動くことを楽しめるようにしている。

子どもたちは絵本から共通のイメージをもち表現するが，どのように動いたらよいのか，どのように話したらよいのか，とまどってしまうこともある。子どもたちが自分なりのことばや動きで表現できるように，保育者は，オオ

カミ役や母ブタになってリードしたり、ブタ役のことばを一緒に言いながらモデルとなって動いたりして、やり取りを促す。また。次回はオオカミ役も子どもたちが担うことで、子ども同士のやり取りも生まれ、言語活動がさらに豊かになっていく。

　表現活動では衣装や小道具、セットなどがあると、よりなりきって動け、お話の世界を楽しむことができる。この事例では、お家を作って、吹き飛ばすように動かせば、イメージが明確になり、オオカミからあわてて逃げる動きや、「あー、お家が飛ばされちゃった。」ということばを引き出すかもしれない。子どもたちがさまざまな素材や用具を扱い、経験の幅を広げることも大切である。だが、あれもこれもと多くの物を作ることに力を注いでしまうと、絵画製作的な表現に偏ってしまう。ストーリーに沿ってなりきって動く楽しさ、友だちとお話の世界を演じ作り上げていく楽しさを味わえるように、作る衣装や小道具などを精選することが必要である。

○ 5歳児の劇

4-12
『6匹のねこ』の劇　（5歳児　12月）

　保育者は、日頃の表現活動を発表する「こども会」が近いことから、子どもたちが表現しやすい題材の絵本やストーリーのわかりやすい絵本を選び、読み聞かせをしてきた。また、普段から読み聞かせをした本は保育室の本棚に置いておき、子どもたちがいつでも好きなときに自由に手に取り見られるようにしている。

　「こども会」に向けてグループで劇をすることになる。このグループは以前に読み聞かせをした『11匹のねこ』を選び、6人なので「6匹のねこ」という題名にする。子どもたちは役を決め、ストーリーに沿って動き、ことばを発する。しかし、見ている側には伝わりにくいことがある。保育者は子どものしていることを認めながら、見ている人にわかるように状況や行動をことばに表すように働きかける。保育者が「このときのネコってどんな気持ち？」と投げかけると、「大きい魚がなかなか見つからないから困っている。」と答える。「見ているお

客さんは困っているってわからないかも。」と保育者がつぶやくと,「それなら,困ったなあって言った方がいいんじゃない。」と話し合い,「困ったなア」ということばを言うことになる。このようにして,場面ごとにその状況やネコの気持ちを考え合いながら,劇のなかでの動きやことばが共通になっていった。自分の考えを言い,友だちの考えを受け止める姿を認め,「みんなで考えたから,いい劇になってきたね。」と協力する楽しさを共有できるようことばをかける。
　ネコが乗る「いかだ」を作ることになる。その過程で「帆柱」や「帆」ということばの意味を理解していく。絵本の絵を注意深く見て「帆って旗みたいだね。」「布で作ろうよ。」などと言いながら作り上げる。

　この5歳児の事例では,友だちと協力し合って劇をつくり上げていくことをねらっている。保育者は,友だちの考えを認める発言を受け止め,友だちと考え合うことでより楽しくなることを実感させるようなことばをかけた。友だちと協力して取り組む過程で,相手の話を聞くこと,相手にわかるように話すことを促し,ことばでの伝え合いが活発になされた。
　劇に必要な小道具やセットは,子どもたちと相談して作るものを精選していくが,この事例ではいかだ作りの過程で「帆」や「帆柱」とはどのようなものかを友だちと話し合い,ことばの意味やイメージが明確になっていった。劇に取り組むことで新たなことばを獲得したといえる。本物らしく作りたいという子どもたちのこだわりに保育者もじっくりとつき合い,素材や方法を一緒に探し,作り上げていく援助が大切である。
　楽しい劇にしたいという子どもたちの共通の目的が,表現への意欲になる。子どもたちが共通の目的に向かって,力を合わせ主体的に取り組めるよう,いつまでに何をするのかを相談して見通しがもてるようにしたり,子どもたち自身が課題を見つけて試行錯誤し,それを乗り越えられるよう支えたり,友だち関係に配慮したりするなど,保育者の援助が必要である。
○表現活動に取り組むなかでの言語発達
　絵本の読み聞かせによって,子どもたちはことばやストーリーを自分のなかに取り込む。そして,取り込んだイメージをことばに出し,おしゃべり,ごっ

こ遊び，劇ごっこなどで表現して楽しむ。保育者は，子どもの表現を受け止め，ともに楽しみ，より豊かな表現になるよう援助することが必要である。絵本の世界を表現するなかで，子どもたちのことばによる伝え合いが充実し，言語発達をさらに促していくといえる。　　　　　　　　　　　　　（大村）

(3) 人形劇，ペープサート，パネルシアター
1) 人形劇・ペープサートの魅力

　人形劇とは，主に人形（パペット）を使って行う劇のことである。さまざまな種類や呼び名はあるが，大きく分けると，手や指を使う「手使い式」とマリオネットのように糸や棒で操る「糸使い式」とがある。前者にはもちろん指人形も入る。また人形は必ずしも「お人形」でなければいけないというわけではないので，紙で作った人形 "paper puppet theater"，つまり「ペープサート（紙人形劇）」も人形劇の仲間ということになる。

　ところで，小さな子どもの写真を撮るときなど，こちらを向いてほしいとき，子ども専用の写真館のカメラマンが人形を用いて注目させているのを見たことがないだろうか。子どもはカメラの方には全く興味がなくても，人形には興味があるので「何だろう。」と思ってそちらを向く。人形の愛らしい動きにニッコリした瞬間「パチリ」とシャッターをきるのである。生後間もない乳児でもお人形を持って話しかけるとじっとお人形の顔を見る。生後2・3か月にもなれば，身近な人たちを見て笑うのと同じように大好きなぬいぐるみや人形を見てニッコリ笑う。特に動きのあるものは大好きで，3，4歳になっても，動物の人形を動かしながら話しかけると，あたかも生きている動物と話しているかのようにおしゃべりをしてくれる。子どもは動く人形が大好きなのである。これが人形劇の最大の魅力である。不思議なことに全く同じお話を絵本や紙芝居で見る場合と，人形劇で見る場合とでは，子どもの反応に大きな違いがある。例えば，0歳児に絵本で『赤ずきんちゃん』を読むと，最後まで集中して見ていられないが，人形劇やペープサートで演じると，最後まで注目して楽しむのである。登場人物の動きが子どもの視線を釘づけにしているようである。このことは0歳児に限らず幼児にも共通する。作品の内容が対象児の理解レベルより多少むずかしくても，何度も聞いて

知っているお話でも，動きのある人形劇などではより楽しく，より親しみやすく，よりわかりやすく感じられるようである。

2) 子どもと楽しむ人形劇・ペープサート

事例 4-13　人形で子どもとのふれ合いをもつ　（4歳児　4月）
〜「また明日，パンダ君に会いたいな。」〜

　入園して数日目，降園時に保育者が椅子を並べると，何が始まるのか期待して集まってくる。「あっ，昨日のパンダ君だ。」「パンダ君，ぼくに握手して。」と，保育者の手にはめた人形に声をかけたり，椅子から立ち上がって人形をさわる幼児もいる。「うわぁ，待って待って。みんなが一度に来たら，ぼく前が見えないよ。」と人形を動かした後，視線をパンダに移し，「パンダ君，困っちゃうね。待ってて，先生がみんなに席に座ってねって伝えてあげるから。」と会話をしてみせると，集まっていた幼児は自分で椅子に戻っていく。人形と保育者とのやり取りを聞いて行動を起こしたことに「あらー，先生が言わなくても席に戻っちゃったよ。」と驚いて幼児一人一人を見ると，「だって（パンダに）言ったの聞こえちゃったもん。」とはるきくんが言う。ほかの幼児も，ぼくもわたしもと得意げな表情をしている。

　幼稚園て楽しいな，明日も来たいな，という気持ちになるようにパンダくんの人形をうまく取り入れた事例である。特に入園したての頃は子どもの緊張感も強く保育者にもなれていないので，なかには，恥ずかしがったりうまく自分の感情をことばで表現できなかったりする子どもも多い。そんなとき，エプロンのなかにしのばせた人形を使って子どもとのコミュニケーションをとったり，保護者へのプリントの配布に人形を使ったりなどの工夫があってもよいだろう。ちなみに保護者へのプリントの配布に人形を使った園では，子どもが「うさぎさんからお母さんにお手紙だよ。」と言って積極的にプリントを保護者に手渡す光景が見られた。

事例 4-14 ペープサートでイメージを広げ，ごっこ遊びをする （4歳児）
～「うさこのおうち」～

　机の間に橋を渡し「こっちにうさこのおうち作ろう。」とみさきちゃんがりさちゃんを誘うと，ペープサートのうさぎを持ち，空き箱を探し始める。

りさちゃん：「これにしよう。わたし屋根作るね。」

みさきちゃん：「そうだ。ドアもなくちゃね。先生，ここをこの子が入れるドアにして。こうやって（と手で動作をしながら）開いたりするの。」

　みさきちゃんはりさちゃんの表情を見ながらドアの位置や大きさを保育者に説明している。箱に切りこみを入れると，「わーい。うさこのおうち。お姉ちゃん（ペープサートのうさぎに向かって），早く帰りましょう。」とお話の世界へ入りながら，家を机の上に置いて遊び始める。

りさちゃん：「お姉ちゃん，川の向こうにピクニックに行きましょう。」

みさきちゃん：「だめよ，雨が降ってきたからおうちに入って。」

　二人には家を作ったことでイメージが広がり深まっていく姿が見られる。

事例 4-15 人形劇を楽しむ （1・2歳児）
～ 人形劇『赤ずきんちゃん』～

　絵本では集中できない子どももじっと人形を見ている。お話は少し長めであるが，1歳児は，赤ずきんを見たりおおかみを見たりしながら，ニコニコしている。2歳児は，おおかみと赤ずきんのやりとり「まあ，おばあさん，なんて大きいおめめ。」「それは，おまえのかおがようく見えるようにさ。」のところでは，展開を知っているためか，とてもハラハラとした様子で見入っている。「おまえを食べるためさ！」と演じ手が大きな声を出すと1歳児1名が驚いて泣き出した。それにつられて泣きそうな顔になる子もいた。2歳児では保育者の腕につかまって「あ，びっくりした。」と楽しそうである。「おおかみのおなかをはさみで切ると，元気な赤ずきんが出てきました。」のところではみんな笑顔

になる。

　終わった後,「おおかみ, いなくなったもんね。」と回りを見まわしてホッとした様子である。

4-16 製作からペープサートへ（4歳児）
～ ペープサートをつくる・ごっこ遊びを楽しむ ～

　製作コーナーではるきくんが紙に動物を描き, 切り抜いて棒に貼っている。はるきくんはくまとうさぎを作って両手に持ち,「遊ぼう。」「いいよ。」と2つの役割を演じている。保育者がおおかみのペープサートを作り, はるきくんのくまとうさぎのペープサートに近づけると「わー, おおかみが来たー, 逃げろー。」と逃げていく。保育者はついたてを持ってきて, 布をかけ, 簡単な舞台を作る。はるきくんが戻ってきて, そこでペープサートを動かし始める。たけみくん, あにいちゃんが来て「人形劇だ。」と言う。保育者が舞台の前に幼児用椅子を並べるとたけみくん, あにいちゃん, たかおくんが座り, 客になる。はるきくんは喜んで, ペープサートを動かすが, ことばが出てこない。客になっていたたけみくんが「むかしむかしあるところに。」と言う。保育者が「くまくんとうさぎさんがいました。」と続けると, はるきくんは「遊ぼうよ。」「うん, いいよ。」と2役を演じる。たかおくん, たけみくんもペープサートを作り, 仲間入りをする。

　はるきくんはペープサートや人形劇をしようという意図がないまま, 製作を楽しんでいたのだが, 保育者が場を設定したことで, 遊びの方向が変わっていった。なかなかセリフとしてのことばが出てこなかったが, 見ていたたけみくんの「むかしむかしあるところに」ということばで, イメージが広がっていったと思われる。

事例 4-17 さまざまな年齢の子どもが楽しめる人形劇 （0〜5歳児）
～ 人形劇『さんびきのこぶた』～

　このお話は改作されたお話ではなく，原作型のお話であるため，低年齢児には少しむずかしいのではないかと思われた。ところが，今まで聞いたことのあるお話と少し違うこと，人形が登場することなどから，0歳児でもじっと舞台に注目している。「オオカミは，こぶたを食べてしまいました。」のところでは笑いが起きる。3・4・5歳児はこれまで聞いたことのあるお話と違うのでさらに楽しいといった様子で見ている。こぶたがりんごを遠くに放り投げる場面では「頭いいね！」などの声も聞かれた。こぶたが「じゃあ，6時。」とオオカミと約束したにもかかわらず「ところがこぶたは5時に起きて……」と，オオカミをだまして出かけていく場面では，3歳児まではキョトンとして反応は少ないが，4・5歳児では大きな笑いが起こった。

※『さんびきのこぶた』の原作では，家を壊されたこぶたたちをオオカミが食べてしまう。家を吹き飛ばされずにすんだこぶたはオオカミと知恵比べをして，最後にはオオカミを煮て食べてしまうというもの。文章が比較的長く，プロットも多い。

　初めて楽しむ原作型の人形劇で大変興味をもったようである。0・1歳児は人形の動きに関心があるようで，絵本では楽しめない子どもも集中して舞台を見ることができる。2・3歳児では人形の動きに加えてお話自体にも興味をもち，内容を理解しつつことばづかいのおもしろさを味わいながら人形劇を楽しむ。4歳児以上では，時間の概念の理解が可能になるため，知恵比べの場面にも興味が集まるようである。

　いろいろな種類の人形劇があるが，どれも子どもの大好きなものばかりである。大きな舞台やセットがなくても，保育者自身が工夫して製作したものに子どもの興味が広がっていくことがわかるだろう。子どもに楽しんでもらいたいという気持ちがあれば，楽しい人形劇が上演できるはずである。

1. 保育における児童文化財の活用

3) パネルシアターの魅力

パネルシアターとは，貼り絵を使用して歌やお話を楽しむ児童文化財を指す。「毛羽立った布はお互いの布にくっつきやすい」という摩擦の性質を利用して，ピーペーパーという紙やネル布などを貼ったパネルボードに，絵を貼ったりはがしたりしながらお話をするのである。

パネルシアターには，明るい部屋で楽しむホワイトパネルシアターと，映画館のように暗くした部屋でブラックライトを当てて作品を浮かびあがらせるブラックパネルシアター，影絵のように裏からライトを当てて楽しむ透視パネルシアターの3種類があるが，ホワイトパネルシアターが最もよく用いられている。いずれにせよ，説明するまでもなく，この不思議なしかけに子どもは釘づけになる。初めて見る子どもは「なんでくっつくの？」，「テープで貼ったんじゃない？」，「のりがついてるんじゃない？」，魚釣りゲームでクリップと磁石を使用したことを思い出して，「お魚みたいに磁石じゃない？」など，とても不思議そうに観察するのである。

4) 子どもと楽しむパネルシアター

事例 4-18 布人形劇を楽しむ （1～3歳児）
～ 布人形劇『おおきなかぶ』～

絵本では何度も読んでよく知っているお話である。初めは，お話そのものよりも大きな布でできた舞台に興味津々で，数名の子どもは前に出てきて布舞台を見ていた。演じ進めるうちに「うんとこしょ，どっこいしょ。」のところでは子どもも一緒に「うんとこしょ，どっこいしょ。」とリズムをつけるようになり，楽しそう。絵本で読むときよりもそわそわといろいろな

布人形劇『おおきなかぶ』

ことに興味があるといった様子で大きな布人形劇を楽しんでいた。

事例 4-19 大好きな絵本をパネルシアターでもっと楽しく （2歳児）
～ パネルシアター『はらぺこあおむし』～

『はらぺこあおむし』は絵本で何度も読んでいるが，パネルボードを出すと「何だろう？」と近くに座る。絵本の内容がわかっていて，ほとんど覚えているので，保育者のことばに合わせて一緒にセリフを言ったりもする。「あおむしはおなかがいたくて……」の場面では，顔をしかめ泣きまねをする。また，大きくなったあおむしが出てくると「おおっ！」と驚いた表情になる。さなぎからちょうちょうが出てくる場面になると，今かと身を乗り出して「ちょうちょ！」と拍手したり，笑ったりする。

このパネルシアターは何度やっても，泣くまねをしたり，身を乗り出したりと興味深く見ている。

事例 4-20 じゃんけんを楽しむパネルシアター （2・3歳児）
～ パネルシアター『げんこつやまのたぬきさん』～

「げんこつやまのたぬきさん」はよく知っている歌なので，すぐに一緒に歌い出す。

2歳児は，3歳児を見たりパネルボードを見たりしながら，様子を見つつ一緒に歌う。「抱っこしておんぶして……」と保育者の動きをまねしながら楽しんでいるが，3歳児が「じゃんけんぽん！」とし始めるととても不思議そうに見ている。2歳児は，例えばグーを出しても，保育者が出したものが自分が出したものと違うと気づくと，あわてて保育者と同じものに変えたり，チョキがうまく出せず苦戦して両手を使ってチョキを出したりしている。勝ち負けはよくわからない様子である。

3歳児になると，じゃんけんがわかる子どもが多いので，自分が出したものと保育者が出したものとを比べながら「勝ち！」「負けた〜。」と楽しんでいる。なかには保育者より後出しして勝とうとする子どももいる。
　タヌキだけでなく，キツネ，ウサギ，ゾウが出てくると笑いながら楽しみ，徐々に歌う声も大きくなっていった。

事例 4-21 歌つきパネルシアターを楽しむ （2・3歳児）
〜 パネルシアター『おひるねだあれ』〜

　初めてこのパネルシアターを見る子ども，すでに知っている子どもとそれぞれである。じっとパネルボードを見る。歌を知っている子どもは保育者の歌に合わせて口ずさむ。お布団のなかに動物が隠れていて，歌いながらその動物を言い当てていくのだが，2歳児は「ゾウ」など簡単なもののときには大きな声で当てることができるが，むずかしそうな動物のときには，3歳児の様子をうかがいとまどっているようである。
　3歳児は自分の考えを言いながら「違った！」「当たってた！」と喜んでいる。

事例 4-22 歌に合わせて楽しく踊るパネルシアター （2歳児）
〜 パネルシアター『いぬのおまわりさん』〜

　子どもたちは「聞いたことがあるなあ」といった様子で，保育者の歌と手遊びに合わせて体を左右に動かしながら聞いている。2・3回目からは口ずさむようになる。「にゃんにゃんにゃにゃ〜ん」と歌いながら保育者が泣きまねをすると，困った顔をしながら泣きまねをする。犬のおまわりさんの腕ぐみをまねすることはむずかしいようで，リズムをとりながら保育者の歌を楽しむ。最後に迷子の子ねこがお母さんに会えると，拍手をして喜ぶ姿も見られる。
　高月齢の男児（小学生の兄がいる）は，「お出かけしたら，ママから離れちゃ

いけないんだよね，こわいんだよね。」と，家庭で聞いていることを保育者に話してくれた。

事例 4-23
初めてのパネルシアター （2～5歳児）
〜 パネルシアター『しゃぼん玉とばせ』〜

　入園・進級式で行ったパネルシアターである。ピアノの伴奏に合わせ，手拍子をとる練習を初めに行う。それまで奥の遊びのスペースにいた新入児の子どもも「何だろう？」といった様子でパネルボードの前に集まって来る。
　「♪ズンチャッチャ，ズンチャッチャ♪」のリズムに合わせ，子どもは，手をたたきながら保育者の歌に合わせて出てくる動物たちに夢中になっている。タヌキやウサギ，リスなどが出てくるたびに笑ったり，拍手したりと楽しそうである。だんだん盛り上がってきて，どの子もリズムに合わせ一緒に手をたたきながら「ズンチャッチャ」と歌い出している。
　低学年の新入児たちは，初めての場で緊張しているせいか，お母さんのひざの上でじっと見ていたり，知っている動物が出てくると「あ，○○だ！」とお母さんに向かって話している。一方，大きいクラスの子どもは，動物が出てくると，隣の友だちに笑いかけたり，「○○だよ。」と，お互いに言いながら指さしたりする姿が見られる。
　一人だけ遊びのコーナーから出てくることなく遊んでいた2歳男児も，まわりが盛り上がってくると「なんだろう？」とコーナーの出入り口までやってきて，遠くからではあるがパネルボードを見ている。お母さんが「おいで。」と声をかけると嫌がってまた遊びの方に行ってしまうのであるが，しばらくするとやはりパネルシアターが気になるようで，出入り口に立ち，今度はリズムに合わせて手をたたいていた。

1. 保育における児童文化財の活用

事例 4-24 「なんでくっつくの？」（0～4歳児）
～パネルシアター『さんびきのこぶた』～

　『さんびきのこぶた』の改作版をパネルシアターで見る。どの子も楽しそうに見ている。知っているお話なので，お兄さんこぶたの家が吹き飛ばされると「にげて！」「早く早く！」など大きな声で盛り上がる。「オオカミなんかこわくない」の歌に合わせてリズム遊びを楽しむ。0・1歳児も体を動かしたり，手をたたいたりしながら見ている。2・3歳児は友だちと顔を見合わせながら，「またオオカミ来るよね？」などと話している。オオカミが逃げ出すと，みんな楽しそうに笑い，手をたたいて喜んでいた。
　演じている途中で，4歳児が「なんでくっつくの？」と声を出す。
　見終わった後も不思議そうにパネルボードの裏をしきりに気にしている様子である。「なんでくっつくんだろうね。」と言いながらパネルボードの裏にまわって観察している。保育者が「先生の魔法でくっつけたんだよ。」と言うと，「えー！じゃ，もう1回やって！」と催促する。再度繰り返すが，やはりどうしても裏側が気になる様子であった。

パネルシアター『さんびきのこぶた』上演風景

パネルシアター上演後。
パネルボードの裏側を調べる4歳児

事例 4-25 ブラックパネルシアター （5歳児）
～パネルシアター『ゆうれいのたまご』～

5人の幼児が集まり「ゆうれいのたまご」の絵本をもとに，自分たちなりにペープサートを作り，ブラックライトの下で光らせながらパネルシアターを繰り返している。一人の幼児が「むかしむかしある所に一人の旅人がいました。」と話すと，別の幼児はそれに合わせて木をつけたり，人を動かしたりしていたが，自

パネルシアター『ゆうれいのたまご』を見る

分の体がパネルボードを横切るとお客さんから見えづらいことにも気づくようになると，具体的に方法を伝え合って理解していくようになる。「わたしがゆうれいをこっちから出すから，あみちゃんのゆうれいと持ちかえっこしようよ。そうすれば（演じる自分の姿はライトに当たらず）お客さんよく見えるよね。」「卵の棒，持ちにくくない？ 上に（棒を）つけて立って動かすっていうのは？」「キラ紙を川にしてみようよ。青っぽく光って水の感じになるよ。」などと言いながら工夫し，自分たちがどう動けば演じ手が見えずストーリーが展開していくのか，互いに感じ合い，行うようになっていく。

（星野）

2. 指導計画と指導の実際

児童文化財は，子どもたちの想像力や言語感覚を豊かにしたり，知識を得たり，次の遊びのきっかけをつくったりなど，子どもたちの生活や遊びをより楽しくするものである。そして，何より児童文化財にかかわること自体が

楽しい活動であることはいうまでもない。ここでは、そのような児童文化財を活用した保育について考えていく。

(1) 児童文化財の教材研究
1) 作品を知る

書店の幼児・児童図書のコーナーには、話題の絵本や季節に合った絵本、おすすめの絵本が置かれており、絵本の種類の多さに驚かされる。自分が子どもの頃に読んだ絵本もあるだろう。題名を知っていても、内容をくわしく知らないものもあるかもしれない。また、日本や外国の昔話で、おおまかなストーリーは同じであっても、絵や話の細部が違うものもある。まずは、自分が気になった絵本を手に取って読むことが、教材研究の第一歩である。

図書館のおすすめの絵本や、保育者向けの書籍で紹介されている絵本など、保育現場でよく読まれており、定番といわれているようなものは、内容を知っておく必要がある。また、絵本だけではなく、ペープサートやパネルシアターなど工夫された多種多様な児童文化財も保育現場で活用されている。この児童文化財を読み聞かせたり演じたりしたときに、子どもたちはどのような気持ちになるのだろうか、どのようなところを楽しむだろうか、と思いめぐらしながら、作品を見ていくとよい。さまざまな児童文化財にふれ、多くの作品を知っておくことは、実際に保育現場で活用する際、教材選択の幅が広がり、指導に役立つ。

2) 作品を選択する

保育現場で児童文化財を活用する際、保育のねらいに基づき作品を選択する必要がある。ここからは絵本を取り上げ、選択の観点を考える。
○発達に合ったものを選ぶ

絵本には、対象年齢が記されている。それを参考にしながら、読み聞かせをする子どもたちに合っているかを検討する。対象年齢は目安であるが、実際の年齢より対象年齢が高い絵本は、むずかしい場合が多い。逆に実際の年齢より低い絵本は、その年齢の子どもなりに楽しむことができる。例えば、3歳児学級の子どもたちに5歳児向けの絵本は適さないが、5歳児学級の子

どもたちに3歳児向けの絵本を読み聞かせても，絵本によっては5歳児なりの楽しみ方が可能であるということである。

○季節を考慮する

絵本には，夏のお話というように季節が限定されている絵本がある。梅雨や紅葉など，その季節らしさを味わえる絵本もある。実際の季節に即した作品を選ぶことが必要だ。

○子どもたちの興味・関心に沿うものを選ぶ

子どもたちの遊びや生活の様子をよく見て，興味・関心に即したものを選ぶ。お話の内容や絵など，子どもたちの心を揺り動かすものであるかを検討する。

○ねらいを明らかにして選ぶ

この絵本を読み聞かせすることで，子どもたちに何を経験してほしいのか，どのようなことを楽しんでほしいのかを明らかにする必要がある。

例えば，次のようなことが考えられる。

◆子どもたちの遊びにつながるように

例えば，保育でお店屋さんごっこを楽しんでいる場合，お店に関する絵本を選ぶということがある。お店の商品に関心をもつためには商品や店の内部の絵やことばがあるものを，また，お客とのやり取りに刺激を与えるためには売り買いの場面があるものを，それぞれ選択する。

◆行事への興味・関心が深まるように

こどもの日，七夕，夏祭り，お月見，お正月，節分，ひなまつり，など日本には伝統的な行事がある。行事の意味や風情などを子どもたちが感じられるようなものを選ぶ。

◆ことばのおもしろさを楽しめるように

ことばの繰り返しやリズム，逆さことばやしりとりなど，ことばのおもしろさを楽しめるものを選ぶ。

◆物語の世界を楽しめるように

子どもたちの実際の遊びや生活につながるものもあれば，空想の世界を楽しむものもある。子どもたちがイメージをふくらませながら，お話のストーリーを楽しめるようなものを選ぶ。

◆自然や社会事象などに興味・関心が高まるように

　　身近な自然や事物についての知識を得て，興味・関心を高め，探究心につながるよう，絵本を活用する。例えば，子どもたちが育てているヒヤシンスへの興味・関心が高まるように，ヒヤシンスの生長について書かれた絵本を選ぶ。写真やイラストなどを活用した，子どもたちが理解しやすい内容のものを選択する。

　絵本を読み聞かせる目的，ねらいを保育者が明確にもち選択することが大切である。

(2) 指導案の作成

　実際に保育をする際には，指導案を作成することが必要である。指導案とは，ねらいを設定し，①子どもの姿を予想し，②保育者がどのように動き，どのようなことばをかけるのか，環境構成はどのようにするのか，を考えるためのものである。指導案を書くことが大切なのではなく，指導案を書くことを通して指導を考えることが大切である。

　ここでは，絵本の読み聞かせの部分実習の指導案の作成を行う。

1)　園の教育方針や教育目標を理解する

　園では，どのようなことを大事にした保育を行っているのか，教育方針や教育目標を踏まえて，保育者は毎日の保育を展開していく。部分実習を行う際にも実習園の教育方針，教育目標を理解することが大前提である。

2)　幼児の実態を把握する

　学年，人数，子どもたちが楽しんでいる遊び，共通に経験した出来事，学級の特徴など，実態を把握する。

3)　ねらいを考える

　週や日のねらいを考慮し，絵本の読み聞かせのねらいを設定する。

4) 幼児の姿を予想し，環境構成と保育者の援助を考える

　担任保育者が行っている絵本の読み聞かせ場面を観察し，幼児の姿，環境の構成，援助のしかたを学び，自分の指導に生かす。起こりうる幼児の姿をできるだけ予想し，それに対してどのように援助するのかを考えておくことが大切である。

5) 指導案例　「絵本の読み聞かせ」

　10月18日（火）　3歳児　ひよこ組　17名（男児8名　女児9名）

時間	予想される幼児の姿	環境の構成と保育者の援助
13：00		環境構成 ○ 保育者 ⌣ 幼児 幼児は2列で椅子に座る。すべての幼児にとって絵本が見やすいように，高さや角度，距離等に配慮する。
	○集まる ・トイレをすませて椅子に座る。	
	○絵本『三びきのやぎのがらがらどん』（マーシャ・ブラウン　福音館書店）を見る。	・全員そろっているか確認する。 ・「今日はどんなお話かな？」と絵本に興味がもてるようにしながら，『3匹のやぎのがらがらどん』の絵本を見せる。
	・絵本に集中している。 ・隣の子どもと話している。 ・「見える」「見えない」など	・「みんな見える？」「始めていいかな？」と集中を促す。 ・見えないという幼児がいたときに

と応答する。	は，自分の立つ位置，幼児の座る位置を調整する。保育者とかかわりたい思いから発言している場合には，「○○ちゃん，見えるかな，大丈夫だね。」などと応答する。
・絵本をじっと見ている。	・静かになるのを待って読み始める。 ・絵が隠れないように，しっかりと絵本を持つ。安定した持ち方にする。
・トロルとヤギのやり取りの場面では，ドキドキした表情を見せる。	・大きな声ではっきりとゆったりと読む。 ・読みながら，幼児の様子をよく見て必要に応じて読み方やページをめくるタイミングを配慮する。 ・途中で集中が途切れる幼児がいたときは，話を中断せずに，読み方の抑揚を変えるなどして，興味がもてるようにする。 ・話の最後はことばのリズムを感じさせ，さらりとおしまいにする。
・読み終わった後，「トロルこわかったね。」「大きいヤギ強いね。」など自分なりの思いをことばにする。	・読み終わった後，子どもたちからのことばがあれば，受け止める。
・「もう1回読んで」と言う。	・楽しかった思いに共感する。 ・「絵本は本棚に置いておくね。また

2. 指導計画と指導の実際

		見てね。」と自由に見てよいことを伝える。
評価の観点	・保育者のことばを聞き、絵本を集中して見ていたか。 ・橋を渡る場面や戦いの場面で心の動く表情が見られたか。	

(3) 指導案に基づく実践

　実践の前に、まずは読み聞かせをする絵本をよく読み、内容を理解する。そして、指導案に即して実際に練習してから、指導にのぞむようにする。

　指導案に基づき実践を行う。実際にやってみると、予想と違う子どもの反応や思いがけない事態が起こり、計画どおりにできないこともある。保育は子どもとの相互のやりとりで行われるものである。指導案は、あくまで計画であり、子どもたちの様子によって保育者は、ねらい達成に向け指導を修正する必要がある。

(4) 指導の振り返り

　実際に指導をした後は、指導案の評価の観点に沿って、指導を振り返る。子どもの姿と保育者の指導は表裏一体である。子どもの姿から、環境の構成や保育者の援助が的確であったのかを振り返る。

　「緊張から早口になったしまった。」「表情がかたかった。」「絵本をめくるのが速すぎて子どもがじっくり絵を楽しむことができなかった。」「読むことに気持ちがいって、子どもの様子を見る余裕がなかった。」などていねいに振り返り、次回の指導に生かしていくことが大切である。

　また、実習の際には、実習園の先生方に指導・助言を受け、環境構成や指導の改善に努めるようにする。

　児童文化財は、作品の選択とともに、読み方、演じ方、導入・展開のしかたを工夫することで、子どもたちの遊びや生活を豊かにする楽しい教材となる。それぞれの児童文化財の特徴やおもしろさを理解し、有効に活用していくようにする。

(大村)

3. 子どもが楽しむ絵本

　乳幼児向けの絵本では，子どもの発達に合わせた絵本を選択することが大切になる。子どもの発達に合っていない絵本やその子どもの興味・関心に合わない絵本では，楽しむことができない。ここでは，子どもに人気の絵本を０・１・２歳，３・４歳，５・６歳に分け，紹介していこう。

(1) ０・１・２歳

書名	作者	出版社
くだもの	平山和子	福音館書店
ぴょーん	まつおかたつひで	ポプラ社
たまごのあかちゃん	かんざわとしこ	福音館書店
ママだいすき	まど・みちお	こぐま社
ととけっこうよがあけた	案：こばやしえみこ	こぐま社
もこもこもこ	たにかわしゅんたろう	文研出版
メイシーちゃんのあなたがだいすき！	ルーシー・カズンズ	偕成社
いただきますあそび	きむらゆういち	偕成社
がたんごとんがたんごとん	安西水丸	福音館書店
きんぎょがにげた	五味太郎	福音館書店
しろくまちゃんのほっとけーき	わかやまけん	こぐま社
ねないこだれだ	せなけいこ	福音館書店
くっついた	三浦太郎	こぐま社
ぱんだいすき	征矢清	福音館書店
うしろにいるのだあれ	ふくだとしお＋あきこ	幻冬舎
バナナです	川端誠	文化出版局
だいすき	きむらゆういち	ひさかたチャイルド
たんたんぼうや	かんざわとしこ	福音館書店
だるまさんが	かがくいひろし	ブロンズ新社

いないいないばあ	松谷みよ子	童心社
じゃあじゃあびりびり	まついのりこ	偕成社
いいおかお	松谷みよ子	童心社
きゅっきゅっきゅっ	林明子	福音館書店
ごあいさつあそび	きむらゆういち	偕成社
ノンタンぶらんこのせて	キヨノサチコ	偕成社
かさしてあげるね	長谷川摂子	福音館書店
たんじょうびおめでとう	わかやまけん	こぐま社
おつきさまこんばんは	林明子	福音館書店
にんじん	せなけいこ	福音館書店

事例 4-26 絵本への興味を示す・絵本を手に取る・絵本を見る （6か月児）
〜 ぐりこえほん『どうよう　うさぎとかめ』江崎グリコ 〜

　キャラメルのおまけについている横5センチ，縦6センチほどの小さな絵本である。とても小さく持ちやすく，表紙をめくるだけでパラパラとすべてのページを見ることができる。床に落ちているのを見つけ，ハイハイで近づいてくる。手に取るとあおむけになり，なめたり，眺めたりを繰り返して10分以上遊んでいた。母親が読むと（歌うと），ニコニコしてとても楽しそうにしている。特に「グーグーグー」「ピョン，ピョン，ピョン」などのことばの繰り返しの箇所で「キャッキャッ」と声を出して笑った。

絵本を手にする・なめる

眺める

めくる

3. 子どもが楽しむ絵本

事例 4-27 「いただきます」（7か月児）
～『いただきますあそび』きむらゆういち　偕成社～

動物たちが「いただきます」と言って，ミルクを飲んだり，ごちそうを食べたりするしかけ絵本である。保育者にいつも読んでもらっている絵本である。自分でページをめくって，絵本を見ている。ページをめくって「いただきます」というところでは，「まーま」「あーあ」というように，喃語を発している。

事例 4-28 ことばの語尾をまねる（1歳児）
～『おつきさまこんばんは』林明子　福音館書店～

保育者のひざの上に座って絵本を見ている。はじめのうちはページをめくることに興味を示し，読んでいる途中でも子ども自身がページをめくってしまう。何度か読んでこの絵本が好きになると，「こんばんは」の「は」の部分だけを保育者の顔を見ながらまねする。読み終わっても何度も何度ももう1回と繰り返し読みたがる様子である。裏表紙にお月さまが舌を出して「べー」としている挿絵があることに気づき，読み終わった後に裏表紙を見ながら「べー」と言いながら舌を出して保育者に見せてくれる。

絵本を楽しむのは，ことばを話すようになってからと考えがちだが，実際には首がすわって視野が広がる頃から，絵本を見る・読んでもらうということに徐々に興味を示すのである。ただし，このように興味を示すようになるためには，身のまわりに絵本があること，読んでもらう環境にあることが必

要となる。もちろん，保育所には多くの楽しい絵本が用意されているが，この時期の乳児にはそれらの絵本が「手の届く場所にあるか」「日常的に読んでもらっているか」が重要な点となる。また，「本を読んでいる人」がまわりにいること（家族などが本を読む姿を見る環境にあること）も大切である。ことばの準備期にある乳児にとってこの時期に接する絵本は大切な財産になるのである。

(2) 3・4歳

書名	作者	出版社
おおきなかぶ	トルストイ	福音館書店
ぞうくんのさんぽ	なかのひろたか	福音館書店
ぐりとぐら	なかがわりえこ	福音館書店
ちいさなねこ	石井桃子	福音館書店
こぶたがぶうぶう（こどものとも012）	杉田徹	福音館書店
だんまりこおろぎ	エリック・カール	偕成社
ぼくのくれよん	長新太	講談社
はらぺこあおむし	エリック・カール	偕成社
うずらちゃんのかくれんぼ	きもとももこ	福音館書店
ブタヤマさんたらブタヤマさん	長新太	文研出版
からすのパンやさん	かこさとし	偕成社
いたずらきかんしゃちゅうちゅう	バージニア・リー・バートン	福音館書店
三びきのやぎのがらがらどん	ノルウェーの昔話 絵：マーシャ・ブラウン	福音館書店
おおかみと七ひきのこやぎ	グリム童話	福音館書店
にじ	さくらいじゅんじ	福音館書店
999ひきのきょうだいのおひっこし	木村研	ひさかたチャイルド
すきすきぼうし(こどものとも年少版)	スギヤマカナヨ	福音館書店
かげはどこ（ちいさなかがくのとも）	木坂涼	福音館書店

にわのがまくん（ちいさなかがくのとも）	島津和子	福音館書店
おふろだいすき	松岡享子	福音館書店
おばけのてんぷら	せなけいこ	ポプラ社
さつまのおいも	中川ひろたか	童心社
ぶたのたね	佐々木マキ	絵本館
だるまちゃんとてんぐちゃん	加古里子	福音館書店
たまごにいちゃん	あきやまただし	鈴木出版
ピヨピヨハッピーバースデー	工藤ノリコ	佼成出版社
さよならさんかくまたきてしかく	松谷みよ子	偕成社
もったいないばあさん	真珠まりこ	講談社
そらいろのたね	中川李枝子	福音館書店
じゃがいもポテトくん	長谷川義史	小学館
バナナのはなし（かがくのとも）	伊沢尚子	福音館書店
しょうぼうじどうしゃじぷた	渡辺茂男	福音館書店
おまわりさんのスモールさん	ロイス・レンスキー	福音館書店
どんぐりころころおやまにかえるだいさくせん	スギヤマカナヨ	赤ちゃんとママ社

 4-29
２歳児と３歳児の反応の違い （2・3歳児）
～『三びきのやぎのがらがらどん』マーシャ・ブラウン　福音館書店 ～

２歳児：絵にも興味がある様子。トロルが出てくると驚いた表情を見せる。何度か読むうちに「かっちん，かっちん……」と一緒にまねして言ってみたり，「だーれだー！」とトロルが言うところでは「出たー！」と足をバタバタさせて喜んだり，「こ

読み聞かせを楽しむ

わい」といって手で顔を隠したりといろいろな表情を見せて楽しんでいる。

　2歳児：トロルをこわがる様子が印象的である。繰り返し登場する場面では「（トロルが）またくるよ！」と手で顔を隠したりしておびえる子どもが多いが，こわさとおもしろさが半々といった様子で楽しんでいる。

　3歳児：トロルをこわがってハラハラするのと同時に，やぎの気持ちになったかのように「あー，よかった」とホッとする子どもが増える。最後に大きなやぎがトロルをやっつけると大歓声をあげる。

　2歳児ではこわがるといった反応のみがことばになって表現されるが，3歳児になると「よかった。」など，やぎにより共感したことばがみられるようである。

4-30 「おかあさん，きてくれてよかったね」（3歳児　4月）
～『うずらちゃんのかくれんぼ』きもとももこ　福音館書店 ～

　うずらちゃんとひよこちゃんがかくれんぼをするお話。入園して2日目，登園時に泣く子ども，教室になかなか入れない子どももいる。何となく落ち着かない雰囲気であるが「もういいかい。」「まあだだよ。」と言うと，どの子も静かになり，じっと絵本を見ている。「どこにかくれたのかな。」とひよこちゃんを探すように絵本を読むと，「あ,いたいた。」と一人の子が指をさした。すると，ほかの子も「あ,いたいた。」と声をだし，となりの子と目を合わせ満足げにニッコリ笑い合う。友だちと同じ絵本を見ることに楽しさを感じている様子で，「おかあさん，来てくれてよかったね。」と話していた。

4-32 「おみおつけっていう？」（4歳児　8月）
～『おばけのてんぷら』せなけいこ　福音館書店 ～

山のおばけがてんぷらを揚げているうさこの家にやってくるお話。おばけがかぎ穴から「べろべろばあ」と入ってくると,「えー,あんなとこから来た！」と楽しんでいる様子である。やっとのことで揚げられる寸前に逃げ出したおばけを見て「ああ,よかったね。」と友だちと目を合わせている。読み終わった後,女児二人が「おみおつけって,なんだろう。」「おみそしるのことだよ,たぶん。」「おみそしる？　おみおつけって言う？」「言うよ,おじいちゃんとか。」「おじいちゃんことばってこと？」と話していた。

(3) 5・6歳

14ひきのあさごはん	いわむらかずお	童心社
はじめてのおつかい	筒井頼子	福音館書店
ガンピーさんのふなあそび	ジョン・バーニンガム	ほるぷ出版
もりのなか	マリー・ホール・エッツ	福音館書店
めっきらもっきらどおんどん	長谷川摂子	福音館書店
泣いた赤おに	浜田廣介	偕成社
こんとあき	林明子	福音館書店
ふるやのもり	瀬田貞二	福音館書店
100万回生きたねこ	佐野洋子	講談社
せんたくかあちゃん	さとうわきこ	福音館書店
かにむかし	木下順二	岩波書店
わすれられないおくりもの	スーザン・バーレイ	評論社
へんしんトンネル	あきやまただし	金の星社
ぐりとぐらとくるりくら	中川李枝子	福音館書店
ぐるんぱのようちえん	西内ミナミ	福音館書店
ちょっとだけ	瀧村有子	福音館書店
じごくのそうべえ	田島征彦	童心社
おばけのおつかい	西平あかね	福音館書店
おじさんのかさ	佐野洋子	講談社
バムとケロのおかいもの	島田ゆか	文渓堂

しゅくだい	いもとようこ	岩崎書店
おへそのあな	長谷川義史	ＢＬ出版
くまのコールテンくん	ドン・フリーマン	偕成社
だいじょうぶだいじょうぶ	いとうひろし	講談社
ももたろう	松居直	福音館書店
ともだちや	内田麟太郎	偕成社
おまえうまそうだな	宮西達也	ポプラ社
どうぞのいす	香山美子	ひさかたチャイルド
かさじぞう	せたていじ	福音館書店
日本昔ばなし　三まいのおふだ	再話：おざわとしお	くもん出版
てのひらむかしばなし　へっこきあねさ	長谷川摂子	岩波書店
三びきのこぶた	イギリス昔話	福音館書店

事例 4-32 「りくは栗（クリ）だけど，はるとはちゃんぶーだね」（4歳児　5月）
～『へんしんトンネル』あきやまただし　金の星社～

　ことば遊びを楽しむ絵本である。このトンネルをくぐると，「たんぼたんぼたんぼ……」は，「ぼたん」になり，りえちゃんはえりちゃんに変身する。では，「ぶーちゃん」は？　何度繰り返しても，意味のあることばにはならず，「ちゃんぶー」に変身して出てくる。

　読み終わった後，友だち同士で名前を呼び合い，楽しんでいる。「りくりくりく……」「りくは，栗だね！」「はるとはるとはると……」「でも，はるとはちゃんぶーだね。」と言って笑い合っている。さかさことばとして，成立することばとしないことばがあることに気づいたようである。

3. 子どもが楽しむ絵本

事例 4-33 「かさがぬれるからです」（5歳児　7月）
～『おじさんのかさ』佐野洋子　講談社 ～

　この日は雨で，一日保育室で過ごしていた。バス降園の子どもたちと絵本を楽しむ。「かさがぬれるからです。」と言うと，3回目から笑いがおこった。ゆっくり読み進めていき，「あめがふったらポンポロロン。」「あめがふったらピッチャンチャン。」と繰り返す。子どもたちは最後まで静かに聞いている。読み終わると，ひろちゃんが「ほんとかなあ。」とおじさんのまねをした。すると，まみちゃんが保育室のガラス戸を開けて「ほんとだ，ほんとだ，ポンポロロンだあ。」とまたおじさんのまねをした。ひろちゃんが「かさ，開いてみないとわからないんじゃない？」と提案する。男の子たちが，盛り上がって「じゃあ，外に出てさ，かさ開いてみようよ。」と言って園庭に飛び出した。雨降りで外に出たくてたまらなかったようである。

事例 4-34 「きつねはぼくのマーク」（4歳児　4月）
～『こんとあき』林明子　福音館書店 ～

　ぬいぐるみのこんはあきちゃんが生まれたときからの友だちである。汚れてしまったし，ほころびてしまいそうなので，おばあちゃんに直してもらいに行こうと二人で砂丘町へ出かけていく。

　りょうたくんは，普段，絵本を読むときもふざけてなかなか落ち着いて聞いてくれない。この絵本を読み始めると，めずらしくじっと絵を見ている。こんがお弁当を買いに行き，なかなか戻ってこないところでは心配しているような顔をしていた。また，しっぽがはさまり，お弁当をドアのそばで食べているシーンではニコニコして見ていた。

　いつもとは全く違う様子で絵本を楽しんでいたりょうたくんは，読み終わった後も絵本を手に取りめくっていた。保育者が近づくと「先生，ね，これ，ぼくのマークと同じ。」と言う。4月から年中に上がり，それまで「雪だるま」だっ

たりょうたくんの目印が「キツネ」に変わっていた。保育者は「そうだね，りょうたくんのマーク，キツネだよね。キツネ好き？」と聞くと，「うん！」とうれしそうに答える。「お弁当ね，食べてるでしょ。りょうたね，このあいだ名古屋に行ったとき，座る場所なくてね，ここでお父さんとおにぎり食べたんよ。」と話してくれた。新幹線の中で，ドアのそばでおにぎりを食べた自分とこんとを照らし合わせて絵本を楽しんでいたようである。

事例 4-35 文字に興味をもつ （5歳児　7月）
～『おばけのおつかい』西平あかね　福音館書店 ～

　おばけのさくぴーとたろぽうがお母さんに頼まれておつかいに行くお話。おばけは人間とは違う食べ物を食べている。くもの巣ゼリー，くもの巣オムレツ，くもの巣そうめん……。おつかいをめんどくさがるさくぴーたちに，お母さんは飴をくれました。はっぱ味の飴と，どんぐり味の飴です。

　じっと絵本を見ているが，この時期の子どもたちは文字にも興味を示している。絵本の挿絵の中に細かい文字が書かれていて，それを一生懸命読んでいるようである。「ミミズチョコこうじょうだって！」と小さい声で隣の友だちにヒソヒソ声で話している。「おしまい。」で読み終わった後，3人の女児が絵本を手に取り，拾い読みを始めた。「へちまミルクだって。」「ねえねえ，どんぐり味ってどんな味かな？」「おいしそうじゃない？　どんぐり，食べたことないけど。人間でも食べられそうだよね？」と話していた。

事例 4-36 「けらくんって何だ？」 （5歳児　9月）
～『かえるくんとけらくん』得田之久　こどものとも652号　福音館書店 ～

　友だちになったかえるくんとけらくんは，地面の上と下で暮らしています。一緒に暮らすことはできないけれど，いつもそばにいるだけでうれしいなと思

うようになったかえるくんでした。

　子どもたちの大好きな生き物が出てくるので，一生懸命聞き入っている。話の内容も子どもたちの興味・関心に合ったものである。ところが，そうたくんが「けらくんって何だ？」と言い出した。保育者は，当然「おけら」のことだと思っていたので，「おけらじゃない？」と話してみた。まゆちゃんが「♪おけらだって……あめんぼだって♪　のおけら？」と不思議そうに聞いてきた。「これさ，バッタじゃないの？」とそうたくんが挿絵を指さして言う。

　保育者は，ハッとして「ねえねえ，園長先生のお部屋に行って大きい昆虫図鑑，借りてこない？」と提案した。保育者自身も「本物の」おけらを見たことがなかったのである。

 4-37
「こういうの，つくってみない？」（5歳児　12月）
〜『I SPY　3　ミッケ！クリスマス』ジーン・マルゾーロ　小学館 〜

　写真絵本で，その中から問われた品物を探す，みんなで遊べるかくれんぼ絵本である。
　保育室の絵本コーナーの棚から出してきて，みんなでのぞきこんでいる。ほとんどの子どもが文字を読めるので，「古いカギが落ちてるよ。」と一人の子が読み，見つけた子が「ミッケ！」と言って指さす。これを繰り返して遊んでいた。
みなみちゃん：「ねえねえ，これさ，いろんなの置いて写真撮ってるのかな？」
こうくん：「絵を描いてるんじゃない？」
ゆきちゃん：「え？　こんなに写真みたいに絵描けるの？」
みなみちゃん：「自分たちでも作れそうじゃない？　ミッケ，みたいなの。」
ゆきちゃん：「できるかも。」「絵描く？」「写真撮る？」
こうくん：「ウチに行けば，お母さんのスマホ借りられるけど。」
　結局，絵を描こうということになり，根気よく絵を描き，手作り「ミッケ」を作っていた。

（星野）

5章

ことばをめぐる現代的課題と領域「言葉」

1. ことばの発達が気になる子

　幼稚園や保育所は，子どもにとって初めての社会生活の場である。そこでは，集団内の仲間関係といった新たな関係性を形成していくために，ことばによるコミュニケーションの必要性が高まる。そのようななかで，それぞれの年齢で期待されていることばの発達を示さず，コミュニケーションに支障をきたしている子ども，ことばの使用につまずきを抱える子どもは，保育者にとって気になる存在である。

　ことばの問題は，発達にともなって少しずつ改善されていくものと，医療機関や相談機関等での診断や療育が必要なものとがある。保育者として多くの子どもに接していても，専門的機関へ相談に行くべきかどうかの判断はむずかしい。巡回相談の相談員など，それぞれの園の資源や保育環境をよく理解している人と，相談しやすい関係を日頃から築いておくことが大切である。また，その前に，親から信頼される保育者であることが重要であろう。神経質な親は，子どものことばの発達の遅れに過剰に反応し，相談そのものを拒否し，その不安が子どもによくない影響を与えるかもしれない。子どものことばの発達に無関心な親からは，環境の改善や相談機関を利用する必要性についての理解が得られにくいかもしれない。いずれにしても，ことばに限らず，子どもの発達を最も身近で支えるのはまず親であることを認識し，親と保育者がよい関係をもちながら子どもを援助するという姿勢を忘れないことが大切である。

　幼児期におけることばの問題のうち，保育場面で問題とされることの多いものとして，次の4つがあげられる。

(1) ことばが遅い

　同年齢の子どもと比べてことばの数が少なかったり，ことばをつないで文にすることがうまくできなかったりする子どもがいる。個人差の範囲でことばの発達の早い子や遅い子はおり，どの程度の遅れであれば問題となるのかは，年齢やことばの理解の程度によっても違ってくる。ただし，ことばの遅

1. ことばの発達が気になる子

れには，全般的な発達の遅れ，発達障害，聴力障害などにともなう場合もあるため，ことばの力が同年齢の子どもになかなか追いつかない子どもについては，専門機関に相談した方がよい場合もある。

5-1
ことばが遅い （1歳7か月児）

みなみちゃんは現在，2語言える。一人っ子であり，両親と父方祖母が同居している。祖母は仕事をもっているために，昼間はほとんど母親と二人で過ごす。近所に同年齢の友だちはいない。発達は全般的にやや遅れている。母親は「この子が声を出すと大人3人がすぐに何かを持ってくるなど世話をしていた。自分でさせないといけませんね。」と反省している。

この事例のように，同年齢の子どもと遊ぶこともなく，昼間は母親と二人で過ごし，母親からのことばかけが少ない場合や，大人ばかりに囲まれて，ことばで自分の要求を表現する前に要求が満たされ，ことばを用いる機会をあまりもたずに過ごした場合には，環境を改善することによってことばの発達に伸びを示すことも多い。できることは自分でさせて，その成果を認めるというかかわりがまず必要であろう。子どもの発達は，運動，人とのかかわり，記憶，ことばの理解や表出といったさまざまな領域の力がかかわり合いながら進んでいくので，ことばの部分だけを伸ばそうとするのではなく，その子どもの全体的な力が伸びていくよう，さまざまな経験をさせるという見方が大切である。

全般的な保育上の配慮については，次の3つがあげられる。
① 子どもが心を動かす体験をし，それを保育者に伝えたいと思えるような，共感し合える関係をつくる。
② あらゆる状況をことばにして伝えるとともに，子どもがことばで表現したことや表現しようとする気持ちを認める。
③ 子どもが他児とともに主体的な遊びを経験し，「ぼくもやってみたい。」「わたしも言いたい。」と思えるよう援助する。同年齢の他児は，子どもに自

分ができる行動は何かを示してくれる最良のモデルである。

(2) ことばがつまる・ことばが出にくい

音を繰り返したり（「ききき，きりん」），音が出にくかったり（「……きりん」），音が伸びたり（「きー……りん」），話の途中で口ごもって音が出なくなるなど，ことばがなめらかに出てこない状態を吃音という。吃音は多くの場合，幼児期の一過性のものである。子どもは理解する力が伸び，自分の言いたいことや聞いてほしいことが多くなるが，ことばでそれを表現する力はまだそれほど獲得されていないために，発音に支障が出やすい。また，心理的に不安定になっている場合にも吃音の症状が出ることがある。例えば，母親が入院して家庭生活に大きな変化が起こった場合であるとか，弟や妹が生まれて家族内の人間関係に変化が起こった場合などである。

5-2 ことばがつまる （3歳2か月児）

> かずきくんは「おおお，おかあさん」のように吃音がみられる。発達的には年齢相当であり，多語文が言える。活発によく遊ぶ。8歳の兄がいるが，近所に同年齢の友だちはおらず，母親と二人で過ごすことが多い。母親はかずきくんに対して一生懸命にトイレットトレーニングをしていたので，それが吃音の原因かもしれないと話す。両親は現在，離婚の話し合いをしている。かずきくんは近いうちに保育所へ入所する予定である。

この事例における吃音の原因としては，過度のトイレットトレーニング，両親の離婚が近いことによる心理的ストレス，同年齢の子と十分にかかわることができずに遊びを制限されることの多い環境にいることなどが考えられる。まずは，かずきくんが十分に遊べるよう環境を改善する必要があるだろう。保育所への入所はそのための一つの手立てになると思われる。そして，子どもの発語を先取りせず，叱らずゆっくりと話を聞くという姿勢が基本であることを周囲の大人が理解する必要がある。ことばが出にくい子どもを

叱ったり言い直させたりするかかわり方は，吃音の症状を強める場合があるだけでなく，話す意欲を低めるなど，子どものさまざまな自信をなくさせることにつながる場合があることを認識しておかねばならない。吃音が出ても出なくても，子どもの発語に過剰に反応しないこと，子どもの自分自身の発語に対する意識を強めないことが大切である。

全般的な保育上の配慮としては，次の3つがあげられる。
①吃音が出ても子どもを叱ったり言い直させたりしない。
②ことばをかけるときには子どもの目を見て，「安心してゆっくり表現してよい」ことを体全体で子どもに伝え，あせらせずに共感的に聞く。
③吃音が出ても出なくても，積極的に自分の気持ちを表現するよう促す。

(3) 発音がはっきりしない・聞き取りにくい

「りんご」が「インゴ」になるなど，一般的な大人の発音と違う発音をして聞き取りにくい場合がある。このような発音は幼児音と呼ばれ，ことばの発達において一過性のものとしてほとんどの子どもに多少は見られるものである。しかし，幼児期後半になってもこのような症状が改善されない場合には，聴覚器官や唇や舌などの発語器官に何らかの問題をもつ場合もある。

5-3 発音が不明瞭 （3歳6か月児）

「さかな」を「タカナ」「チャカナ」と言うなど，単語を言う際にサ行がタ行になってしまう。男女の双子であり，一方の女児ははっきりとよくしゃべるのに対して，はるきくんはおっとりしている。自分がもっているものを女児がほしがるとニコニコしてすぐに渡すなど，おとなしい。母親ははるきくんをつい女児と比べてしまい，発音の不明瞭さが気になるという。

この事例では，2か月前に保育所へ通所するようになってから，絵本に興味をもつなど，はるきくんのことばへの興味が広がりつつあった。担当の保育者は，同年齢の他児と比較してはるきくんの発音の不明瞭さを特別に問題

にすべきこととは考えていないようであったが，母親は，いつも身近にいる女児と比較することではるきくんのことばの遅れへの不安が高まっていた。保育者は，このような母親の気持ちを理解し，ことばの発達には個人差があることを母親に気づかせるとともに，発音を無理に矯正してはるきくんのことばに対する興味を低めることがないよう助言する必要があろう。

全般的な保育上の配慮としては，次の3つがあげられる。
①発音の間違いや不明瞭さを叱らない。
②発音を矯正したり，言い直させたりしない。
③聞き取りやすい音の大きさや速さで話しかける。

(4) しゃべらない

家ではよくしゃべるのに保育所や幼稚園では話そうとしない子どもがいる。特定の場面においてことばを発しない状態を場面緘黙（かんもく）という。家では会話ができているのであれば，ことばを発する能力には問題がないと思われ，情緒的な問題の表れであると考えられる。家庭内で何らかの問題があり気持ちが不安定になっている場合もある。保育者は，まずは受容的な態度で子どもに接し，何らかの原因によって生じた不安や緊張によって話せないことを理解し，保護者と情報を共有しながら子どもが安心して集団生活を送れるよう援助することが大切である。

5-4
保育者としゃべらない （4歳6か月児）

あいちゃんは年少組への入園当初から担任や他のクラスの保育者にはしゃべらない。事務員などかかわりの少ない大人とは話すことがある。友だちとは話し，遊ぶが，友だちと話しているときに保育者が「何をお話しているの？」と話しかけると話をやめ，表情がかたくなる。家では，姉と弟と一緒によく遊び，両親はともにあいちゃんに受容的に接しており，特に厳格な育児態度はとっていない。母親は，幼稚園であいちゃんに「どうして話さないの？　家ではあんなに話しているのに……。」とときどき言うことはあるが，専門機関への相談

が必要な状態であるとはとらえていない。

　この事例でのあいちゃんは，幼稚園で全く話すことができないのではなく，特定の大人とだけ話さない子どもである。このように家庭環境に特に問題は見当たらず，保育場面において話さない原因が保育者にも保護者にも特定することがむずかしいケースもある。保育者に対して話すことはできなくても，あいちゃんが休まず幼稚園に通い続けることができたのは，幼稚園があいちゃんにとって安心して遊べる場所であったからであろう。保育者はあいちゃんに無理に話しをさせようとはせず，友だちとのかかわりをあたたかく見守り，あいちゃんにとって集中できる遊び環境を保障した。そして，発話が出るのを待った。しかし，特定の場面においてしゃべらない状態が長く続き，変化が見られないようであれば，保護者と話し合ったうえで専門機関へ相談することが望ましい。

　保育上の配慮としては，次の3つがあげられる。
①無理に発語させようとしない。保育者が自分を受け止め，理解しようとしていることを子どもが感じるような態度で接する。
②質問や指示でなく，場面や状況の叙述を通して子どもが話しやすい雰囲気をつくる。
③集中できる遊び環境を整え，そのなかでもし発話があってもことさらそれを大きく取り上げない。

　ことばの発達は，毎日接しているとその子の伸びについて気づきにくいが，ある程度の期間をおいて比較すると変化がよくわかるものである。特に気になる子どものことばについては記録しておくことが大切である。例えば，発音がつまってしまうことばや，発音が不明瞭なことばを書きとめておき，その後それに変化がないままであるか，あるいは聞き取りやすい発音に変化したかどうかがわかれば，その子のことばの発達を確認することができ，対応のしかたに確信がもてる。また，専門的機関の診断を受けることになった場合にも，そのような記録があることは診断の際の貴重な資料になる。　（玉瀬）

2. 情報化のなかの子どもとことば

　以前，日本小児科学会が，「乳幼児のテレビ・ビデオ長時間視聴は危険です」という提言をしていた。日本小児科学会がこのような提言をするに至った背景としては，ことばや社会性の発達に遅れが見られる子どものうち，テレビやビデオ，DVDなど（以下，テレビと記す）を長時間見ていて，それをやめると改善される例が，臨床医などから相次いで報告されているからであろう。また，保育現場で働く保育者からも，両者の関係を懸念するような発言を聞くことがある。日本小児科学会は，テレビの長時間視聴を「4時間以上見ていること」としているが，小西（2003）は，ことばの遅れやパニック状態になることで診察に訪れた子どもが，テレビを「生まれてから毎日6〜7時間」「1日中」見ているとその養育者から聞かされた経験を紹介している。そして，そうした養育者が，テレビを長時間子どもに見せることに対して何ら疑問を感じていないことも述べている。日本小児科学会の調査でも，養育者はむしろ，テレビを見せることが子どもの言語発達によい影響をもたらすと考えていることが示されている。こうした養育者たちは，子どもがじっと集中してテレビの画面を見ていることからそのような印象をもつのであろう。また，当然ながらテレビからは多量の「ことば」が聞こえてくるのであるから，ことばの発達にプラスになると考えても不思議はない。

　子ども，特に赤ちゃんは，新奇なものに注目する。赤ちゃんからすれば，めまぐるしく変わるテレビ画面に注意をひきつけられるのは無理のないことといえる。集中しているのではなく，「目を離せない」のである。確かに，テレビからはたくさんのことばが聞こえてくる。赤ちゃんは誕生直後からもっている言語獲得の能力によって，テレビからのことばに対しても反応しているかもしれない。しかし，当然のことながらテレビはその反応に対して何も返してくれない。そもそも，ことばも赤ちゃんに向けられたものではない。ここまでみてきたように，子どもはことばを，人とのかかわりのなかで獲得する。音声を共有し，意味を共有し，気持ちを共有することによって発達していくのである。また，ことばだけが発達すればコミュニケーション能

力が獲得されるわけではない。ことばとともに，他者の気持ちを理解すること，聞く・話す意欲や態度，非言語的コミュニケーションなどが総合的に習得される必要がある。

　ところで，子どもに影響を及ぼすといわれている情報媒体は時代とともに変化し続けている。テレビが普及したときには子どもに見せてもよい番組か否かなどが議論された。何度も同じものを繰り返して見続けることができるビデオやDVDでは，先に述べたような長時間視聴の問題が指摘され，テレビに接続して使用していたゲームは，持ち運びが容易で，いつでもどこでも使用できるようになった。公園のベンチで，子どもたちがそれぞれのポータブルゲーム機を持ち，向き合ってはいるものの一言も話さずゲームをする姿を見て唖然としたのはつい最近のことのように思う。従来型の携帯電話（いわゆるガラケー）では，電磁波の影響が懸念されていた。ここ数年では，デジタル機器（スマートフォン，タブレット型PCなど）の普及が乳幼児の発達に及ぼす影響が指摘されている。

　タブレットを普段から使用している赤ちゃんに雑誌を渡してみるとどうするだろうか[i]。その絵を大きく見ようと親指と人差し指でピンチアウトし始める。もちろん拡大はできない。すると，今度はダブルタップを始めるのである。こういった動画を見て驚いたのは筆者だけではないと思う。また，ゲーム機を持ち歩かなくても，母親の持っているスマホがあれば，いつでもゲームができ，動画も見ることができる。電車のなかでも病院の待合室でも，絵本を読んだり，小さな声で手遊びをして静かに待つなどという苦労は必要なくなったように思える。さらに，「子育てアプリ」にはありとあらゆるものがある。育児日記は，スマホで記録する時代であるし，離乳食のレシピもスマホにお任せ，医療アプリでは，病気の対処法・ケアといったものから，お父さんがお母さんの心身のケアをするための情報アプリ，予防接種時期を知らせてくれるといったものまで，実に多彩である。子ども向けのアプリでは，絵本や童話の読み聞かせアプリ，子どもに言うことを聞かせるための動画アプリなども存在する[ii]。意地悪なことをしたとき，ご飯を食べないとき，言うことを聞かないとき，寝ないとき，公共の場で騒いだとき……といった具合である。

さて、ここで考えなければいけないことは、このようにあふれている情報から、いかにして必要なものを効果的に選択し、利用し、コントロールしていくかである。いわゆる「メディアリテラシー」である。現在の子育て世代は、デジタル世代であるから、情報収集についてはたけている。一方で情報が多すぎて、どの情報を頼りにすればよいかという問題が出てくる。保育者は、子どもの発達を保護者に寄り添って支援していく存在でありたい。保育者は、情報に振りまわされず、豊富な知識と経験をもち、目の前の子どもの最善の利益のために情報選択ができる存在となるべきである。同時に、子どもたちはきわめて幼い時期からデジタル機器に親しんでいる。こういった子どもたちに、保育のなかでどのようにデジタル機器を活用していくのか、あるいは、このような時代だからこそ、あえてデジタル機器に頼ることなく、直接経験の場を増やす環境をつくっていくのかを、今こそ考える時期なのではないだろうか。

　テレビの長時間視聴に警鐘を鳴らしていた日本小児科学会では、「スマホに子守をさせないで」というリーフレット[iii]を作成し、各医療機関へ配布している。これは、親子が目と目を合わせて話しかけること、絵本の読み聞かせ、外遊びで体力や五感を育むことの大切さなどを伝え、同時にスマホやタブレットなどへの過度な接触に注意を促す内容のものである。これだけ普及したスマホの是非を問うようなリーフレットは、ナンセンスというバッシングもあるようだが、今一度考えてみてほしい。子育て中のお母さんは、授乳室を利用する。この授乳室で奇妙な光景が見られる。赤ちゃんは、お母さんの目を見ながらおっぱいやミルクを飲むのであるが、当のお母さんは赤ちゃんに一言も話しかけず、目も合わさず、スマホの画面をスクロールしている。誰かと話をするとき、私たちは相手の目を見て、相互作用的に会話をする。その準備期は乳児期であるとされているにもかかわらずである。電車のなかでむずがる子どものベビーカーを片手でゆらゆら押したままで、スマホから目を離さないお母さんもいる。赤ちゃんが泣いている理由は、つまらない、暑い、抱っこしてほしい……のように感じられる。決してベビーカーを揺らしてほしいわけではないだろう。これが1歳にもなれば、ぐずったときにはスマホが渡されるようになる。子どもはおとなしくなる。さて、ここが問題

である。子どもがぐずった原因と，対応がちぐはぐなのである。仮に，子どもは「抱っこしてほしい」と泣いたとする。ところが，お母さんは（泣かれると困るので）スマホを渡す。子どもは常日頃からお母さんが大切そうにしているスマホを手に入れてご機嫌になる。絵本が読める，好きなアニメが見られる，ゲームもできる。こうなると，自分の要求はかき消されていくことになる。つまり，抱っこしてほしいという要求はかなわぬものとなり，お母さんと赤ちゃんのスキンシップの機会は減少していく。

　以前，学生に「自分が初めて話したことば」について聞いたことがあった。ある学生は，年子でお兄ちゃんに置いていかれるのが嫌で，置いていかれないようにお母さんに抱っこしてもらうようにしていたという。もちろん初語は「抱っこ！」であったと話してくれた。微笑ましいエピソードである。しかし，ぐずるとスマホを渡されている子どもの初語は，「抱っこ」ではなく「スマホ」かもしれない。では，休日の公園ではどうだろう。公園で遊ぶ子どもたち，姿を見守るはずのお父さんはスマホに夢中で子どもを見ていない。子どもどころか，ベビーカーを押しながらの「ながらスマホ」のお父さんまで出現した。歩行者はもちろん，自転車やオートバイとぶつからないように注意を払うのが保護者の義務であろう。

　ここまで見てきたように，大きく分けると二つの問題がある。一つは子どもとのスキンシップが減り，ことばで自分の気持ちを表現することが困難になる。もう一つは，子どもの安全が守られないという点である。子どもはお父さんやお母さんが大好きなものは自らも取り入れ，好きになるという傾向をもつ。保育者は，情報機器の特性を知り，よい点・望ましくない点をしっかりと認識し，保護者に伝えていく責任を担っている。ある園では，保育参観の際に保護者の全体会を設け，さまざまな取り組みを行っている。メディアについては，その利点と子どもに及ぼす影響についての講習会を行った。この会では，「スマホ」とりわけゲームアプリについての質問が多く，長時間の利用は子どもの脳に悪影響で攻撃性が高まるとの回答がなされた。すると保護者の意識が大きく変化し，子どものゲーム使用時間が減少したようである。保育者は常に広い視野をもち，子どものために，保護者・家庭の支援を考えていくことが求められているのである。

（星野）

i This book does not work like an IPad.（https://youtu.be/aXV-yaFmQNk）（You Tube 2017年12月20日アクセス）
ii http://www.onikara-denwa.com/ （2017年11月20日アクセス）
iii www.jpa-web.org/dcms_media/other/smh_leaflet.pdf （2017年11月20日アクセス）

3. 国際化・グローバル化のなかの子どもとことば

　日本に住む外国人の数は250万人に達する勢いである（法務省，2017）。この増加にともなって，外国籍の子ども，日本に住む外国人の子ども，両親またはそのどちらかが外国籍の子どもなど，保育園でも幼稚園でもさまざまな国からのルーツをもつ子ども（外国にルーツをもつ子ども）が在園するようになった。外国にルーツをもつ子どもが入園してきたことで，考えられることは何だろうか。ことばの獲得について，生活習慣の違いや保護者とのコミュニケーションについて，他の子どもとのかかわりについてなどがあげられるだろう。ここでは，多文化共生社会のなかで求められる「多文化保育」について事例を見ながら考えてみよう。

(1) 母語や日本語を獲得する

5-5
「オムツもってくるよ。」（11か月女児）

　マイちゃんは，日本人のお父さんと中国人のお母さんの3人家族である。これまで中国で生活をしており，昼間はお母さんと一緒だったので，ほとんど中国語を聞いて生活をしてきた。これからは日本に住むので日本語を話せるようにと入園したマイちゃんは，当初，保育者やほかの子が日本語で話すのを不思議そうにじっと観察していた。あまり喃語のようなことばもなかったが，泣いたりぐずることもなく穏やかに過ごしていた。保育者は，マイちゃんの目を見

ながら毎日ていねいに日本語で話しかけていた。

　入園して3か月ほど経った頃，担当の保育者が手遊びをするとニッコリと笑ってまねしたりするようになった。そんなある日，お昼寝から起きたマイちゃんに，「おしっこでたかな？　オムツ取り替えようか。」と話すと，急いで自分のロッカーまでハイハイで行き，手にオムツを持って戻ってきた。「マイちゃん，オムツ持ってきてくれたの。ありがとう。」と保育者がほめると，「…と」（ありがとうの語尾「と」だけを反復して発声した）と言って，ペコリと頭を下げてニッコリ笑った。保育者もニッコリと笑った。

　マイちゃんは，まだことばを獲得する前の段階である。お母さんの話す中国語とは異なる言葉を聞いて，はじめのうちは「何だろう。」と思って過ごしてきたのだろう。しかし，毎日の保育園の生活のなかで，保育者とのあたたかなかかわりから，毎日繰り返されるエピソードとことばが結びつき，「わたし，先生が言ったことわかるよ。」「ありがとう，って言えるよ。」と，大好きな先生に伝えることができたのだろう。

5-6 生活ことばを支える単語カード　（1歳男児）

　両親ともに韓国人のジュンギくんの入園が決まった。両親は日本での留学生活も長く，日本文化には理解のある家庭で，子育てにも熱心であった。保育園で過ごす生活が長いので韓国語も忘れないようにと，家庭では韓国語で話すようにしているとのことである。お母さんは，ジュンギくんが話す韓国語の単語を連絡帳に記してくれていたので，保育者はそれをもとに，ジュンギくん専用の単語カードを作った。

　この日のおやつは，おせんべいと麦茶だった。保育者は，タオルで手を拭いた子どもから順に「はい，どうぞ。麦茶ですよ。」と声をかけながら配っていた。ジュンギくんの単語カードには，「ムル」（直訳すると「水」の意）という単語があったことを思い出し，「ジュンギくん，ムルだよ。麦茶だよ。」と声をかけてみた。

ジュンギくんは「ムル！」と言いながら，一気に飲み干した。のどが渇いていたようで，「ムル！　ムル！」と言いながらコップを差し出した。保育者は「のど乾いたのね。ムル，おかわりする？　はい，どうぞ。」と声をかけながらコップに麦茶を注いだ。保育者が，「ムル。むぎちゃ。」と韓国語と日本語を繰り返しながら声をかけると，ジュンギくんも「むーちゃ。」とうれしそうに繰り返した。

　このように，手作りの単語カードを使うことで，単に日本語だけでなく，保育者との信頼関係も同時に育まれていく。家庭で使っていることば「ムル」と保育園で飲んだ「麦茶」を同時に提示することで，両方のことばを覚えていくことができる。ジュンギくんは，大好きな先生が自分に向けて韓国語で話しかけてくれたこと，韓国語と日本語を結びつけて表現できたことに満足している様子である。

 5-7 英語も日本語も　（5歳女児）

　お父さんがアメリカ人，お母さんが日本人のメイちゃんは，3歳までは保育園に通い，以後幼稚園に在園している。完璧なバイリンガルになるようにとの両親の思いから，家庭では英語，幼稚園では日本語で過ごしている。英語で話しかければ英語で答え，日本語で話しかければ日本語で答えるほどで，発音にも全く違和感がない。

　メイちゃんは6月生まれなので，すでに6歳になっている。幼稚園で絵本を見れば，自分で拾い読みをしたり，お友だちに手紙を書いたり書いてもらったりして「お手紙ごっこ」などで遊ぶ姿も見られるようになっていた。そんなとき，お母さんが「英語で話すことはできるが，書いたり，読んだりすることができない。」と保育者に相談してきた。保育者は，「まだまだ読んだり書いたりできなくてもいいんですよ。」と話したが，お母さんは日本語と英語との獲得に差があることを気にしているようであった。

メイちゃんは、家庭では英語、保育園・幼稚園では日本語というように2か国語を同時に学んでいる。2か国語使用の場合であっても、お母さんが使用することばが母語として獲得され思考言語（何かを考えるときに使用されることば）となる傾向が強いようである。メイちゃんの場合はお母さんが日本人なので、同じように2か国語を使用していても日本語がより有利になったのだろう。つまり、思考言語が日本語となっているというわけである。このように、たとえバイリンガルであっても、どちらか一方の言語の獲得がより有利になり、思考言語として機能していくことで、より深い思考が可能となっていくのである。

　問題となるケースは、どの言語の獲得も完璧ではなく、思考言語として発達しきらないような場合である。母語の獲得に重要な時期が乳幼児期であることはいうまでもない。母語の獲得はその後のさまざまな学習の基礎となり、思考の源泉となる。どの言語が母語になるかということより、むしろどんな言語であっても、「言語運用能力」が年齢相応の発達水準に達しているか否かが重要なのである。

　また、乳幼児期の子どもは、記憶力がよく新しいことばをみるみる覚えていくが、短い期間でも、使用しない場合には獲得したことばもあっという間に忘れてしまう。「せっかくバイリンガル保育園（保育をすべて英語で行っている保育園）に通わせて英語もペラペラだったのに、小学校に行ったら全部忘れてしまった。」とか、「海外で生活していたときは両親より英語が堪能だったのに、帰国したとたん全部忘れてしまっている。」などはよく聞く話である。獲得した言語を忘却しないためには、継続した学習や「英語を使用する環境」が必要なのであって、日本ではその環境がまだまだ整っていないのが現状であろう。

(2) 保護者とのコミュニケーション

　はじめのうちは泣いたりぐずったり、様子をうかがうだけだったりしても、外国にルーツをもつ子どもはすぐに新しい環境になじみ、ことばもあっという間に覚えていく。4・5歳児であれば数か月ほどで友だちと遊べるくらいの日本語を獲得することもできる。ところが、その保護者とのコミュニケー

ションは，ことばの壁だけでなく，生活習慣や文化の違いから，保育者も苦労することが多く，また他の保護者との関係づくりもむずかしい。宮崎（2011）は，保育者が外国人に対して肯定的態度を示すことの重要性を指摘している。また，保育者が外国にルーツをもつ子どもの保育で困難を感じた経験としてあげているのは，ことばが通じないことによる子ども・保護者とのコミュニケーションのとりづらさ，宗教的規律などによる食材の問題，日本食になじめない，生活や遊びの食い違い，衣服や身のまわりの清潔面に対しての意識の違いなど，文化の違いによる問題である（日本保育協会，2000）。

5-8 「先生も英語できるね。」（3歳男児の保護者〈フィリピン人のお母さん〉）

　ジンくんは，日本人のお父さんとフィリピン人のお母さん，妹（0歳）との4人家族である。お父さんの仕事の関係で来日し，保育園に入園した。ジンくんは，日本語を聞き理解することはできるが，話をするのはまだ苦手である。お母さんの母語はタガログ語なのでお母さんとはタガログ語で話している。お母さんは，保育者と話すときは英語で話してくれる。とはいっても，英語を流暢に話せる保育者がおらず，お母さんがお迎えに来るときは連絡帳を渡し微笑む程度で，ジンくんの様子をうまく伝えることができないでいた。

　入園して2週間ほど経ったとき，保育者は，ジンくんがお昼寝の後から咳をしており，微熱があることをお母さんに伝えようとした。お母さんがお迎えに来る前から辞書を開き，「咳が出る」，「微熱」を調べていた。"He had a cough, and slight fever…"と，「37.1°」と書いた連絡帳を開いて指さしながら単語を並べて話すと，ジンくんのお母さんが笑いながら「先生も英語できるね。」と，かたことの日本語でうれしそうに話した。

事例 5-9 「今月の手遊びを紹介します。」（1歳男児）

　日本人のお父さんと中国人のお母さんをもつハンくんは，両親からそれぞれの母語で育てられてきた。保育園に通うようになって，日本語をよく話すようになり，お母さん自身もハンくんの話す日本語を聞いて日本語を学ぶこともある。お母さんは，ハンくんの歌っている歌や手遊びが知りたいという。

お母さん：「保育園から家に帰るよ。そして，ハンくんが歌うことがあるよ。」
保育者：「クラスではあまりやらないので，まだ興味がないのかなと思っていました。」
お母さん：「よく歌うよ。でもわからない。タマゴとか，ピヨピヨ？　ハンくんが，ママもと言うけど，わたし，わからないよ。」

　そこで，保育者同士で話し合い，入り口の壁面に《今週の絵本》として絵本の紹介をしているコーナーの横に《今月の手遊び》も紹介することにした。翌週からは，《今週の絵本『いないいないばあ』》と，《今月の手遊び「まあるいたまご」》が振りつけ入りで紹介された。手遊びは，他の保護者からの評判もよく，「家でやっていたのは，これだったんですね。」と，ハンくんのお母さんともおしゃべりを楽しむ様子が見られた。

　これらの事例から，保育者のちょっとした努力で，信頼関係が生まれたり，保護者同士のかかわりもできてくることがわかる。ことばも含めて相手の文化を理解する姿勢をもつことで，保護者とのかかわりが変化し，その変化が子どもの安心感となり，発達の源泉となっていく。

　生活習慣の違いでは，次のようなこともよくある。日本では，保育所でも幼稚園でも，休んだり遅れて登園したりするような場合には，電話連絡などを入れるのが一般的である。なかなか登園しないので，病気なのか，何かあったのか，保育者が心配して連絡を入れると，保護者の仕事が休みになったので子どもを連れて遊びに行ったのだという。その園児のお母さんはフィリピンから日本に来た方で，実家は幼稚園を経営している。フィリピンでは子どもの数が多いので，学校はもちろん，幼稚園でも休むときにいちいち連絡を

入れる習慣はないようである。こんなとき，保育者はなぜ連絡が必要なのかをていねいに伝えていくことが大切であり，一度きりではなく，何度も繰り返し連絡の必要性を伝えることで，保護者にもこちらの意図を理解してもらうことができるだろう。さらに，保護者に対しては，わかりやすく明確なことばをつかうこと，必要な持ち物などは写真などでイメージしやすく示すことなどの配慮も必要である。

(3) 他の子どもとのかかわり

 5-10
「コインってなに？」（5歳女児）

　帰りの幼稚園バスを待っている時間，りかちゃん（5歳）が保育者に話しかけてきた。

りかちゃん：「先生，コインってなに？」

保育者：「コインって，十円玉とか，百円玉とか，五百円玉とか？」

りかちゃん：「お金ってこと？」

保育者：「硬貨……。うん，お金ってことだね。わかった？」

りかちゃん：「うん！　あのねあのね，さっきアイナちゃん，歯が抜けたでしょ。あの歯をね，枕の下に入れとくと，妖精が来てコインになるんだって！　先生，知ってた？」

保育者：「知らなかった！　アイナちゃんが教えてくれたの？　あれ？　バスの時間じゃない？」

りかちゃん：「うん，りか，早く歯が抜けないかなあ……。先生，妖精に会ったことある？」

バスのドライバーさん：「りかちゃん，ピンクコースのバスが出るよ。」

りかちゃん："I know!"

　この日，仲よしのアイナちゃん（お父さんがイギリス人，お母さんがタイ人）の歯が抜けた。アイナちゃんは日本語を流暢に話すが，英語も堪能である。「妖精が抜けた歯とコインを交換しにやって来る」というイギリスらしい話を聞

いたりかちゃんは，うれしい様子で，口ぶりまでアイナちゃんにそっくりになっている。同じクラスになったばかりの頃は，アイナちゃんがブドウを皮ごと食べていることに驚いたり，お弁当がスコーンだけ，揚げたお魚だけ，オレンジだけだったことに驚いていたが，今ではお弁当の中身の見せ合いっこをして楽しんでいる様子である。アイナちゃんがお弁当の前にお祈りをしているときも静かに見ている。身近に外国にルーツをもつ友だちがいることで，他文化への興味や理解は自然と育まれていくようである。

　ところで，保育者の3割前後が日本人と外国にルーツをもつ子どもの混成保育に肯定的な見方をしている（品川・野崎，2009）。他国の文化の違いに関心をもち，広い視野をもって他者を理解すること，それらを尊重する気持ちを幼児期から育んでいくことが真の異文化理解につながるといえる。そのためには，多文化保育に関する保育者自身の知識が大変重要となる。まず，保育者がことばの獲得の重要性を理解することが必要である。また文化によって「いい子」像は異なる。日本人の感覚で発達援助を行ったことが，外国にルーツをもつ子どもの発達を阻害することもある。さまざまな角度からグローバルに子どもの発達をとらえ，日々学び続ける姿勢が，多文化保育においても必要とされている。

（金・星野）

4. ことばの発達と保・幼・小連携

(1) ことばの発達の連続性

　幼児は，小学校に入学し，突然違った存在になるわけではない。発達や学びは連続しており，幼児期の教育と小学校教育との円滑な接続を図ることは，幼児の健全な成長のためには不可欠である。

　幼児期には，遊びや生活のなかで，幼児がさまざまな場面でことばにふれ，ことばを獲得していけるよう，豊かな言語環境を整えることが大切である。言語環境を整えるとは，絵本や紙芝居などに親しむことや自分の経験や考えを発表する場をつくることだけではない。幼児は，主体的に遊びや生活に取

り組み，自分で考え試したり，保育者や友だちと考えを出し合い協力して取り組んだりなどするなかで，ことばを獲得する。獲得したことばを用いて遊びや生活に取り組み，さらに考えを深めていく。つまり，言語に関する能力の発達は思考力の発達と相互に関連しているといえよう。幼児が考えを十分にめぐらせる経験ができるよう遊びや生活の充実を図ることが，豊かな言語環境を整えることになる。また，人は伝えたいことがあるからこそ，ことばを発する。幼児が思わずことばで表現したくなるような，幼児の心を揺り動かす体験をすることが，ことばでの表現を促すことにつながる。

　幼児期に獲得したことばや，ことばによって考えを深める経験，言語感覚やことばによる伝え合いなどが，小学校教育における言語活動の基盤になる。保育者は，このことに配慮し，幼児が主体的に遊びや生活に取り組み，充実感を味わえるよう援助していくことが重要である。

(2) 幼稚園等と小学校との連携

1) 連携の意義

　子どもたちが幼児期から児童期へとなめらかに移行していくためには，幼稚園等と小学校との連携が必要である。幼稚園等の保育者と小学校の教師は，合同研究会や互いの保育・授業参観，入学前の情報交換などを積極的に行い，発達の連続性を踏まえて，互いの教育内容，指導方法を理解し合い，そのうえで，それぞれの教育活動の充実を図ることが求められる。

2) 交流の意義

　交流は，幼児，小学生双方にとって大きな意味がある。幼児にとっては，小学生へのあこがれの気持ちをもつととともに，成長への期待を育む。小学生にやさしく接してもらった心地よさが，自分も年下の幼児へやさしくしようとする気持ちにつながっていく。小学生にとってはやさしさや思いやりを育む経験となる。幼児が喜んでくれることで役に立つ喜びを味わい，自己肯定感を培うことにつながる。また，保育者や教師にとっては，幼児と児童の発達の連続性や指導について考えるよい機会となる。

事例 5-11 小学生による絵本の読み聞かせ （6年生と幼児）

　併設した施設の幼稚園と小学校では，20分の休み時間に，希望する6年生が，幼稚園の絵本の部屋に来て幼児に読み聞かせを行っている。園の行事や活動の流れによって，読み聞かせができない日もあることから，保育者と教師は相談し，小学校からの園への入口に「今日は読み聞かせができます。」という表示を出すことにした。児童が登校する際にその表示を見て，主体的に取り組めるように工夫した。

　休み時間になると5，6人の児童がやって来る。その日により参加人数や参加者はさまざまである。継続して参加している小学生は園児と顔見知りになり，「〇〇ちゃん」と名前を読んだり，次の約束をしたりして，互いに親しみが増す。幼児が「これ読んで」と選んだ本を1対1や1対2で読み聞かせをする。幼児は小学生のことばを聞き，絵本の世界を楽しんでいる。

事例 5-12 おもちゃランドで遊ぼう （2年生と4歳児）

　2年生が幼稚園に「おもちゃランドに来てください。」と招待状を持ってきた。小学生が，はっきりとした口調でわかりやすく話すことばを聞き，幼児は期待をふくらませる。

　当日は「ぶんぶんごま」「けん玉」「的当て」などの2年生のお店に幼児が行き，遊ぶ。積極的に小学生とやりとりする幼児もいれば，遠慮ぎみな幼児もいる。保育者や教師は，幼児と2年生が互いの思いや考えを伝え合えるように援助する。2年生に対しては，緊張している幼児の思いを伝え，遊び方を教えるよう促す。幼児に対しては安心できるようなことばかけをするとともに，自分の思いをことばで伝えられるよう，言い方を知らせる。幼児はさまざまなお店をまわり，2年生とかかわりながら，おもちゃで遊ぶことを楽しんだ。

　幼児と小学生との交流では，幼児は，相手にわかるようにやさしく話す小

学生の姿や一緒にかかわるなかでのことばのやりとりから，新たなことばを獲得したり，考えを深めたりする。ことばでの表現方法を知ること，ことばによって思いが伝わるうれしさ，ことばのやりとりをしながら一緒に遊ぶ楽しさ，などを経験する。小学生にとっては，年下の幼児にわかるようにことばを選び，やさしく話す経験となる。

3) 小学校教育との円滑な接続

　幼児期の教育において育まれた資質・能力を踏まえ，小学校教育が円滑に行われるよう，小学校の教師との意見交換や合同研究の機会などを設け，幼稚園教育要領等の「幼児期の終わりまでに育ってほしい姿」を共有するなど連携を図る必要がある。ことばに最もかかわる「幼児期の終わりまでに育ってほしい姿」としては「(9)　言葉による伝え合い」がある。それは以下のとおりである。

> 　先生や友達と心を通わせる中で，絵本や物語などに親しみながら，豊かな言葉や表現を身に付け，経験したことや考えたことなどを言葉で伝えたり，相手の話を注意して聞いたりし，言葉による伝え合いを楽しむようになる。

　幼児期のことばによる伝え合いは，小学校の生活や学習において，友だちと互いの思いや考えを伝え，受け止めたり認め合ったりしながら一緒に活動する姿や，自分の伝えたい目的や相手の状況などに応じてことばを選んで伝えようとする姿につながっていく。特にとまどいの多い入園時に自分の思いや考えをことばに表せることは，初めて出会う教師や友だちと新たな人間関係を築くうえでも大きな助けとなる。小学校の前倒し教育ではなく，小学校教育への円滑な接続を踏まえ，幼児教育を充実させることが重要である。

(3) 幼児教育にたずさわる施設の連携

1) 連携・交流の意義

　幼児教育にたずさわる施設には，幼稚園，認定こども園，認可保育所，認可外保育所，託児所などさまざまなものがある。保育時間や保育形態は異なるが，幼児の健全な成長をめざす点に変わりはない。同じ地域の幼稚園，保

育所等が連携することにより，幼児教育の質の向上を図り，小学校教育への円滑な接続を図ることが大切である。幼児にとっても，他の幼児教育施設との交流は，さまざまな人とかかわる機会となり，顔見知りになることで小学校入学時の安心感につながるとともに，新たなことばの獲得やことばでの表現の幅を広げる経験となる。

2) 幼稚園児と保育園児との交流

事例 5-13　一緒に遊ぼう　（幼稚園・保育園の5歳児）

　幼稚園児と保育園児が遊戯室に集まる。自己紹介として，名前と好きな遊びを話すことにする。まず，保育者が「○○組の先生の○○です。好きな遊びは，○○です。」と話す。それに続いて順番に，幼児が話す。同じ名前の幼児がいると，「同じだね。」と言ったり，相手の話を聞き「○○が好きなんだって。」と受け止めたりする。自己紹介の後，幼稚園児と保育園児が混ざってグループをつくるゲームを行う。同じグループになった幼児同士で手をつないだり，好きな食べ物を言い合ったりする。

　幼児は，初めて出会った友だちに対して，伝わるようにわかりやすく話す，相手の話を注意深く聞くという経験ができた。保育者同士は，幼児の育ちを確認し合うとともに指導・援助について意見交換し，学ぶ機会となった。

(4) 言語発達を踏まえた保・幼・小の連携

　幼児・児童がことばを獲得し，ことばでの表現・コミュニケーションが円滑に行えるよう，言語発達の連続性を踏まえた保・幼・小の連携を推進することが大切である。

（大村）

〈5章　引用・参考文献〉
網野武博（2001）「外国人保育の課題と展望：わが国における行政の対応状況と保育所での受け入れ」『月間福祉』84（5），pp.88-91

大場幸夫・民秋言・中田カヨ子・久富陽子（1988）『外国人の子どもの保育：親たちの要望と保育者の対応の実態』萌文書林

小西行郎（2003）『赤ちゃんと脳科学』集英社

小山正編（2000）『ことばが育つ条件』培風館

品川ひろみ（2011）「多文化保育における保育者の意識 ―日系ブラジル人児童の保育を中心として―」現代社会学研究第 24 巻　pp.23-42

日本小児科学会こどもの生活環境改善委員会（谷村ほか 7 名）（2004）「乳幼児のテレビ・ビデオ長時間視聴は危険です」『日本小児科学会雑誌』108（4），pp.709-712

日本保育協会（2000）保育の国際化に関する調査研究報告書　http://www.nippo.or.jp/cyosa/02/02_ta.html

法務省（2017）「平成 29 年 6 月現在における在留外国人数について」

宮崎元裕（2011）「日本における多文化保育の意義と課題」京都女子大学発達教育学部紀要（7），pp.129-137，2011-02 京都女子大学発達教育学部

山内昌和（2010）「近年の日本における外国人女性の出生数と出生率」『人口問題研究』66（4），pp.41-59

湯淺阿貴子（2016）「幼児の規範意識の形成に関する研究動向」『昭和女子大学大学院研生活機構研究科紀要』Vol.25，pp.65-83